国家农业科技园区创新能力评价报告 2020

中国农村技术开发中心 著

科学技术文献出版社
SCIENTIFIC AND TECHNICAL DOCUMENTATION PRESS
·北京·

图书在版编目（CIP）数据

国家农业科技园区创新能力评价报告.2020 / 中国农村技术开发中心著. —北京：科学技术文献出版社，2022.9
ISBN 978-7-5189-8938-6

Ⅰ.①国… Ⅱ.①中… Ⅲ.①农业技术—高技术园区—技术发展—研究报告—中国—2020 Ⅳ.① F324.3

中国版本图书馆 CIP 数据核字（2022）第 022589 号

国家农业科技园区创新能力评价报告2020

策划编辑：李 蕊 李汝君 责任编辑：李 晴 责任校对：王瑞瑞 责任出版：张志平

出 版 者	科学技术文献出版社
地　　　址	北京市复兴路15号　邮编 100038
编 务 部	（010）58882938，58882087（传真）
发 行 部	（010）58882868，58882870（传真）
邮 购 部	（010）58882873
官方网址	www.stdp.com.cn
发 行 者	科学技术文献出版社发行　全国各地新华书店经销
印 刷 者	北京时尚印佳彩色印刷有限公司
版　　　次	2022年9月第1版　2022年9月第1次印刷
开　　　本	889×1194　1/16
字　　　数	129千
印　　　张	8.5
书　　　号	ISBN 978-7-5189-8938-6
审 图 号	GS（2022）1419号
定　　　价	58.00元

版权所有　违法必究

购买本社图书，凡字迹不清、缺页、倒页、脱页者，本社发行部负责调换

国家农业科技园区创新能力评价

课题组

组　　　长：邓小明

副 组 长：陈　成　张　辉　李宇飞

主要研究人员：李宇飞　朱华平　张　亮
　　　　　　　李　萌　霍　明　李俊清
　　　　　　　宋晓丽　宋长青

前　言

2015年，《中共中央办公厅　国务院办公厅印发〈深化科技体制改革实施方案〉》（中办发〔2015〕46号）中强调全面推进国家创新调查制度建设，发布国家、区域、高新区、企业等创新能力监测评价报告。2017年，《科技部　国家统计局关于印发〈国家创新调查制度实施办法〉的通知》（国科发创〔2017〕96号）中对创新调查制度实施进行了全面而详细的部署，并明确指出通过构建指标体系，对国家、区域、企业、研究机构、高等学校、创新密集区等创新能力进行的综合分析、比较与判断。国家农业科技园区作为国家重要的创新密集区，农业科技创新的前沿阵地，对其创新活动进行评价是国家创新调查制度的重要组成部分。

根据党中央、国务院的部署，科技部会同农业部、水利部、国家林业局、中国科学院和中国农业银行，于2000年启动国家农业科技园区建设工作。经过10多年的建设，国家农业科技园区已经发展成为我国农业科技成果集成转化的前沿阵地、农业科技型企业孵化培育的成长摇篮、一二三产业融合发展的对接平台、农业农村科技创新创业的培育基地、促进农民增收就业的重要渠道、推进农业供给侧结构性改革的强力引擎；形成了一批产业特色鲜明、发展模式多样的优质现代农业科技园区，为加速我国由传统农业向现代农业转变开辟了一条新途径。

《国家农业科技园区创新能力评价报告2020》是国家农业科技园区创新能力系列报告的延续，是以国家农业科技园区创新能力评价指标体系为尺度形成的对国家农业科技园区创新能力指数及发展情况的综合评价。通过在国家层面的定性和定量分析评价，反映和呈现农业科技园区在创新活动过程中的成效和不足，为国家政策的调整和实施、园区发展的顶层设计和宏观决策提供客观依据和数据支撑。通过对园区间的多角度对比和分析，有助于展示各地区国家农业科技园区的创新水平，明晰建设发展过程的关键因素和不足之处，助力国家农业科技园区的健康和协调发展。

《国家农业科技园区创新能力评价报告2020》继续采用2019年报告的国家农业科技园区创新能力评价指标体系。该体系从创新价值链的视角研究农业科技园区创新能力的形成过程和影响因素，综合分析创新能力的投入、产出、转化、带动及支撑指标，构建了创新资源投入、创新驱动支撑、创新成果产出、创新示范推广和创新综合绩效5个一级指标和30个二级指标的创新能力评价体系。各指标具有相对的独立性和较好的代表性，兼顾国家农业科技园区实现创新发展的各层面因素。

《国家农业科技园区创新能力评价报告2020》评价样本数据以2019年全年创新能力监测数据为基础，并进一步优化和完善了评价方法，在创新能力分析时侧重国家农业科技园区在建设发展过程中的创新能力动态变化情况。园区创新能力评价采用自然对数标准化的方法对原始数据进行了科学处理，消除了异方差对于评价结果的影响；利用泰尔系数对创新能力指数的总体差异进行了分析，判断出园区间创新能力差异的主要来源是区域内差异还是区域间差异；使用数据包络分析方法，对园区创新技术效率进行了评价，发现高效使用创新资源的园区和创新效率不足的园区；并且以前一年数据为基期，通过对数据的纵向对比和加权求和，计算出2019年的相对创新能力指数，从而了解2019年创新能力的总体动态增长状况。

园区的评价样本方面，2019年参与评价的园区样本数增加到232个。为了科学、持续地做好国家农业科技园区创新能力评价工作，科技部中国农村技术开发中心联合山东农业大学大数据研究中心专门组建了国家农业科技园区创新能力评价课题组。由于国家农业科技园区基础条件差异较大，有的园区管委会不完全是独立运行机构，各园区工作人员对指标具体含义的认识或多或少也会存在一定的偏差，种种原因造成采集的数据存在较大噪声。虽然我们采取了一系列的措施，力争在数据噪音处理、评价模型计算等方面做得更好，但水平有限，难免出现错误和不足。希望在以后的工作中，大家能够多提建议，帮助我们不断改进。希冀本报告的研究评价结论能够对园区的创新发展和现代化建设有所帮助。

国家农业科技园区创新能力评价
课题组

摘　要	1
第一章　国家农业科技园区创新能力总体评价	5
一、国家农业科技园区创新能力总体发展情况	7
二、国家农业科技园区创新能力指数总体分析	12
三、国家农业科技园区创新能力区域差异分析	17
四、国家农业科技园区总体创新效率分析	23
五、小结	25
第二章　国家农业科技园区创新能力分项评价	
——创新资源投入评价	29
一、园区总体创新投入状况	30
二、园区支撑建设投入状况	34
三、园区建设发展规模状况	38
四、园区创新核心要素投入状况	42
五、小结	45

第三章 国家农业科技园区创新能力分项评价
——创新驱动支撑评价 49
一、园区创新创业孵化服务状况 50
二、园区自主与合作创新状况 52
三、园区创新的科技与金融服务状况 58
四、小结 62

第四章 国家农业科技园区创新能力分项评价
——创新成果产出评价 65
一、园区自主创新能力状况 66
二、园区品种及品牌认定状况 68
三、园区企业培育和升级情况 72
四、小结 77

第五章 国家农业科技园区创新能力分项评价
——创新示范推广评价 79
一、园区新品种、新技术和新设施数的引进推广状况 80
二、园区示范与培训情况 84
三、小结 88

第六章 国家农业科技园区创新能力分项评价
——创新综合绩效评价 91
一、园区总体经济效益状况 92

  二、园区产业发展及融合状况　　　　　　　　　96

  三、园区产业结构状况分析　　　　　　　　　　100

  四、园区农民增收效应分析　　　　　　　　　　104

  五、小结　　　　　　　　　　　　　　　　　　106

附 录　　　　　　　　　　　　　　　　　　　　　109

  一、国家农业科技园区创新能力评价指标体系　　110

  二、国家农业科技园区创新能力评价数据来源　　112

  三、国家农业科技园区创新能力评价参评园区名单　112

  四、国家农业科技园区创新能力评价测算过程　　120

摘　要

　　国家农业科技园区建设工作是党中央、国务院提出的一项重要任务。对其开展创新能力评价既是国家创新调查制度的重要组成部分，也是推动国家农业科技园区创新活动健康持续发展的重要手段。本报告包含园区创新资源投入、创新驱动支撑、创新成果产出、创新示范推广和创新综合绩效5个一级指标和30个二级指标，依据2019年232个国家农业科技园区的样本数据，采用数据标准化、赋权加总、差异分析、效率测算及横向和纵向对比分析等多种研究方法相结合的方式，对国家农业科技园区的总体创新能力发展及各分项创新能力指标的状况进行了评价与测量，从而得到以下主要结论：总体研究方面，本报告在对2019年国家农业科技园区创新能力指数进行测算的基础上，通过定性和定量结合的方式进行了深度分析，研究表明：①园区之间创新能力总体差异逐步缩小，武汉、济宁和昌吉依旧位居三甲，玉溪园区近年来的发展较为迅速。②2019年各园区的创新资源投入和创新综合绩效对于创新能力的贡献最大，是园区创新发展的两大关键动力，园区发展仍然具有一定的资源驱动的特征。③2019年各园区创新驱动支撑和创新成果产出水平的瓶颈效应仍未打破，园区在注重短期创新绩效的同时，对于园区的长远发展布局尚未重视，需要加强对创新价值链条的优化和管理。④2019年各园区的创新示范推广作用绩效继续提升，成为推动园区创新发展和提升园区区域影响力的新势力。⑤各园区创新能力指数在结构上有所差异，创新资源投入对创新能力提升的贡献度最大。⑥四类园区的创新能力指数构成存在一定差异，一类园区实现了创新能力发展较为均衡，而三、四类园区的创新能力发展存在明显的失衡现象。⑦中部园区的创新能力指数居于领先，各地区创新驱动支撑和创新成果产出方面的差异性较大，已初步形成"重投入，高产出"的创新总体发展格局。⑧创新资源投入方面，各区域的创新资源投入水平较为接近，东部和中部园区略有优势。创新驱动支撑方面，中部园区的创新驱动与支撑能力明显高于其他区域，园区创新创业环境提升成效显著。创新成果产出方面，各区域的成果产出水平相对较大，资源与环境优势为中部园区的高产出奠定了良好基础。创新示范推广方面，中部和西部园区更加注重创新成果的引进、示范与推广，辐射带动作用显著增强。创新综合绩效方面，各区域的综合创新绩效差距不大，东部园区的绩效水平具有相对优势。⑨一类和二类优质园区的分布具有区域性特征，东部和中部园区在一类园区的数量上优势明显，西部地区在二类园区的数量上领先其他区域，东北地区的优质园区数量有所增长。⑩具有创新效率的园区分布方面，东部地区拥有创新效率的园区数量最多，且占比最高，其他区域实现创新效率的园区占比差异不大。

分项评价一——创新资源投入是创新能力形成和创新成果产出的基础，同时对于资源的使用和配置水平，又是园区创新能力的重要体现。本章结合园区内企业R&D经费投入强度、园区内企业R&D人员数、园区当年地方政府投入、园区当年建设总投入、园区内核心区已建成面积、园区内入驻企业数、园区当年信息化投入总额和园区内大型仪器设备原值总额等方面的指标对232个园区的创新资源投入状况进行了分析，并得出以下结论：①园区企业的R&D经费投入强度减弱，西部园区投入强度最高。②园区内企业R&D人员投入数量总体减少，东部园区R&D人员最多，东北园区增长明显。③园区当年地方政府投入总体增加，中部园区地方政府投入最多，东部园区政府投入明显增多。④园区当年建设总投入增加，东北园区总投入最多但降幅最大，其他地区园区总投入均增加。⑤园区内核心区已建成面积有所减少，东北园区的规模优势较为明显，西部园区的核心区建设进程较快。⑥园区内入驻企业数略有下降，东部园区的企业密度最高，西部园区入驻企业数增长明显。⑦园区当年信息化投入总额总体增加，中部园区投入最多，西部和东部园区投入相当。⑧园区内大型仪器设备原值总额总体有所下降，东北部园区总额最大，东部园区降幅最大。

分项评价二——园区的创新驱动支撑是园区创新环境中的关键因素，这些因素影响着园区的创新过程和创新效率，是园区能够持续创新的重要保证。本章结合创新创业孵化服务状况、自主与合作创新状况、科技与金融服务状况等方面的指标对232个园区的创新驱动支撑进行了核算，并得出以下结论：①各园区备案科技企业孵化器数全国平均呈现上升趋势，其中，东部、中部、东北部区域均呈现不同程度上升，西部区域呈现下降趋势。②园区内省部级以上研发机构数量全国平均呈下降趋势。其中，东部、西部、东北区域均呈现较大程度的下降，中部区域呈现上升趋势。③园区内各类创新创业服务机构数量全国平均呈现下降趋势。其中，东部、西部、东北部区域均有不同程度的下降，中部区域有较大幅增加。④园区开展产学研合作项目数量全国平均呈现下降趋势。其中，中部、西部、东北区域均呈现不同程度下降，且西部和东北园区的合作创新活跃度仍有待提升，东部区域呈现上升趋势。⑤园区引进个人科技特派员数量全国平均呈现上升趋势。其中，东部、中部、东北区域均呈现不同程度的上升趋势，西部区域呈现下降趋势。⑥金融机构贷款总额全国平均呈现下降趋势，东部、中部、西部园区有所下降，西部园区下降幅度较大，东北园区有所上升。

分项评价三——创新成果产出是国家农业科技园区创新能力的科技原动力与外在表现，是园区创新能力的重要体现。本章结合园区的专利申请状况、园区通过审定的新品种状况、园区通过审定的"三品一标"状况、园区在孵企业状况和高新技术企业状况5个方面的指标对232个园区的创新水平指数进行了核算，并得出以下结论：①2019年园区当年通过审定的新品种数量有所减少，东北园区当年通过审定的新品种数量减少较多。②2019年园区拥有的"三品一标"数有所增加，西部园区的增长幅度最大，领先全国其他园区。园区"三品一标"数量逐年稳步增长，其中西部园区增长最为明显，标志着农业发展是进入新阶段的战略选择，是传统农业向现代农业转变的重要标志，展现了人们对安全农业、安全食品不断提升的要求。③园区内在孵企业和高新技术企业总数量保持增长态势，东北园区内在孵企业数量和高新技术企业数量增幅最大。

分项评价四——创新示范推广在农业科技园区转变经济发展方式等方面发挥着重要的引领、辐射、带动作用。国家农业科技园区的建设中，创新示范推广在推动区域创新和拉动经济发展等方面发挥着积极作用。对232个园区的创新水平指数进行了核算，并得出以下结论：①2019年园区当年引进、推广"三新"方面较2018年均有不同程度上升。中部、东部园区分别在引进和推广"三新"数量方面表现良好，领先全国其他园区。②园区示范基地建设发展势头良好，2019年园区核心区和示范区内的示范基地数量较2018年略有下降，但仍处于较高发展水平。③2019年园区继续加强在农民职业培训和技术培训方面的重要作用。园区本年度技术培训总人次与2018年基本持平，为乡村振兴培育了大批具有专业技能和经营能力的新型职业农民。

分项评价五——创新综合绩效体现了国家农业科技园区创新能力的经济效益与社会效益。该章结合园区从净利润与技术收入、三产融合发展、高新技术产业与休闲农业发展、园区农民人均可支配收入等指标对232个园区的创新综合绩效指数进行了核算，并得出以下结论：①园区净利润与上年基本持平，技术性收入有一定下降。净利润和技术性收入有待进一步提升。②从产业融合发展程度来看，园区平均三产融合率达29.80%，较2018年略有提升，园区总产值产出较为稳定。③从产业结构来看，园区高新技术企业发展稳定，2019年园区当年高新技术企业产值比重、休闲农业产值比重与2018年基本持平。④园区农民人均可支配收入明显高于全国农村居民的收入水平，收入实现持续性增长，园区带动增收效果显著，产业化经营不断深化。

从以上评价结果可以看出，尽管国家农业科技园区发展中仍然存在着创新能力差异较大、创新驱动支撑和创新成果产出略显不足等问题。园区创新能力的多项指标已经有明显改善，整体上呈现出持续上升的发展态势。展望未来，我们有理由相信国家农业科技园区将在推动农业科技进步、促进产业升级及带动农民增收致富和改善农村生态等方面起到更为重要的作用，为加速我国传统农业向现代农业转变开辟一条新的途径，成为我国乡村振兴战略实施的关键因素。

国家农业科技园区创新能力评价报告2020

第一章

国家农业科技园区创新能力总体评价

2013年，科技部下发了《关于做好建立国家创新调查制度相关工作的通知》强调全面加快推进国家创新调查制度建设，分别从国家、区域、产业和企业等多层面进行创新能力监测和评价。国家农业科技园区作为国家重要的创新密集区，对其创新活动进行评价是国家创新调查制度的重要组成部分。2018年，科技部、农业部等六部门印发了《国家农业科技园区发展规划（2018—2025年）》，要求"落实国家创新调查制度，加强园区创新能力监测评价研究，更加注重经济发展质量和效益，突出对园区科技创新、产业发展、企业培育、辐射带动、脱贫攻坚等方面的考核和评价"。科技部中国农村技术开发中心依据相关文件要求，立足园区的创新发展实际，制定国家农业科技园区创新能力评价指标体系，本报告以该指标体系为基础，是国家农业科技园区创新能力评价系列报告的延续性工作。

国家农业科技园区创新能力评价指标体系通过全面研究农业科技园区创新能力的构成要素，综合分析创新能力的支撑、投入和产出指标，构建了创新资源投入、创新驱动支撑、创新成果产出、创新示范推广和创新综合绩效5个一级指标和30个二级指标的创新能力评价指标体系（详见附录）。

国家农业科技园区创新能力指数（简称"创新能力指数"），以国家农业科技园区创新能力评价指标体系为基础，基于科学的量化模型，采用17个核心二级指标数据标准化后加权计算出5个一级指标分值：创新资源投入指数、创新驱动支撑指数、创新成果产出指数、创新示范推广指数和创新综合绩效指数，并通过5个一级指标分值加权计算得到创新能力的综合指数分值。

需要说明的是创新能力指数分值只有在园区之间或者时间序列比较时具有序数意义，不代表绝对意义上的创新能力，或者说单看一个分值没有任何意义。

本章是对2019年232个国家农业科技园区的创新发展总体情况进行评价，总体评价的研究主要集中在创新能力指数和一级指标体系上，二级指标并不作为分析重点。同时，根据创新能力指数体现出来的数据类别特征和区域差异进行了相应的定量分析和定性评价。

一、国家农业科技园区创新能力总体发展情况

从232个国家农业科技园区的创新能力指数得分来看，2019年国家农业科技园区创新能力指数差异仍然较大，变异系数[①]达到23.43%，这说明各园区间发展水平存在一定的差异，尚未实现全面的均衡发展。这其中的部分原因是由于评价样本新增了79家第七批次的新建园区，前面批次的园区经过长时间的发展，其中的优秀园区与新建园区之间的建设成效差距已经形成，从而使得园区创新能力之间的差距拉大。同时，武汉、济宁、昌吉、新乡、周口、公主岭、湄潭、泉州、酒泉和淮安等园区在创新能力总体水平方面优势明显，成为国家农业科技园区创新发展的领跑者。

1.园区之间创新能力总体差异逐步缩小，区域内差异成为园区差异的主要来源，武汉、济宁和昌吉位居三甲

2019年232个国家农业科技园区的创新能力指数的标准差为11.08，变异系数为23.43%，在园区分析样本新增79家的基础上，变异系数相对上一年度有所下降（上一年度为24.49%），说明园区创新能力之间的差异程度有所下降。同时，在剔除各园区自身规模（以园区内的企业数量作为衡量规模的指标）差异对园区创新能力影响的基础上，利用修正的二阶段泰尔系数[②]对232个园区创新能力的差异进行分析。修正

[①] 变异系数又称为离散系数，是用来衡量各观测值变异程度的一个指标。计算公式为：CV=S/EI，其中，S为标准差，EI为均值。

[②] 泰尔系数，又称为泰尔熵标准，是作为衡量个人（体）之间或者地区间收入差距（或者称不平等度）的常用指标，具体计算公式详见附录。

的二阶段泰尔系数由三部分组成,包括区域组间差异系数、省域组间差异系数和省域组内差异系数,修正的二阶段泰尔系数能够有效剔除规模本身对园区创新能力比较的影响,避免园区因为通过规模化的粗放式发展方式形成名义上的创新能力指标数据优势。同时,其还能表明区域间、省域间或是省域内的园区创新能力差异更大,具体数值如表1-1所示。

表1-1 创新能力指数的变异系数和泰尔系数

	均值	标准差	变异系数	区域组间差异系数	省域组间差异系数	省域组内差异系数
创新能力	47.32	11.08	23.43%	0.0013	0.0334	0.0433

表1-1泰尔系数的区域组间差异系数是指东部、中部、西部和东北园区在创新能力上的差异,泰尔系数的省域组间差异系数是指同一区域内不同省份的园区在创新能力上的差异,泰尔系数的省域组内差异系数是指同一省份内各园区在创新能力上的差异。其中,省域组内差异系数为0.0433,略大于省域组间差异系数0.0334,这说明同一区域内,处于同一省域内的园区创新能力差异大于不同省域的园区创新能力差异,而区域组间差异系数0.0013小于省域组内和省域组间的差异系数。这说明2019年东部、中部、西部和东北园区在创新能力方面区域之内的差异远大于区域之间的差异,即232个园区在创新能力上的差异主要来源于4个区域省域之间和省域内园区之间的差异,这也表明各园区的内部管控和资源省域之间的差异成为园区创新能力差异的重要来源。这种创新能力差异性的变化一方面是在乡村振兴和创新驱动发展战略的指引下,各省市积极出台关于加快农业科技园区发展的政策和措施,如山东省发布了《关于加快全省农业科技园区体系建设的实施意见》。安徽省目前已经建设了16个国家农业科技园区,接近对各地市的全覆盖,因此,安徽省人民政府办公厅出台了《关于加快推进农业高新技术产业示范区和农业科技园区建设发展的实施意见》,从财政支持、金融助力、土地利用和科技管理等方面出台相关政策支持园区的建设与发展。而部分省(自治区、直辖市)缺乏对于园区发展的统一规划和政策指导,导致园区发展缺少有效的政策依据与指导原则,从而出现发展参差不齐的情况。同时,部分园区尚未构建科学全面的园区创新发展的绩效考核体系,对于园区的创新发展状况缺少有效监控,使得园区对于自身的发展状况无法实现有效认知,造成其发展改善无从下手。

因此，下一步，随着园区数量规模的快速增加和其创新发展进入全新阶段，如何有效打破园区自身及不同省域对于园区总体发展的影响，是未来园区发展总体布局和顶层设计亟待解决的问题。

在232个国家农业科技园区中，武汉、济宁、昌吉、新乡、周口、公主岭、湄潭、泉州、酒泉和淮安的创新能力指数位居前十，代表了我国国家农业科技园区较高的创新能力水平。其中，武汉园区作为第一批国家农业科技园区，已经连续两年在综合创新能力方面排名居首位，武汉园区依托华中农大和湖北农科院等科研院所，充分发挥自身的区位优势，采用的是"园中园"的发展模式，借助高新区的产业服务、设施优势，促进产、学、研深入合作，成为具有国际竞争力的一流农业科技园区。

2.创新资源投入仍然是园区创新发展的重要驱动力，园区发展的绩效导向较为明显，创新驱动支撑和创新成果产出不足的情况有所改善，创新创业环境的优化提升是园区持续创新发展的关键因素

从分项指标指数来看，大多数园区创新能力指数得分的近一半主要来自创新资源投入和创新综合绩效，不同园区的同一分项指数进行比较，也存在明显的差异，如表1-2所示。

表1-2 创新能力分项指标的差异性分析

	创新资源投入	创新驱动支撑	创新成果产出	创新示范推广	创新综合绩效
均值	63.50	26.37	24.45	50.02	60.43
标准差	11.25	18.17	17.69	16.02	11.35
变异系数	17.72%	68.91%	72.36%	32.02%	18.78%

（1）2019年各园区的创新资源投入和创新综合绩效对于创新能力的贡献最大，是园区创新发展的两大关键动力，园区发展仍然具有一定的资源驱动的特征

2019年国家农业科技园区创新能力评价结果显示，创新资源投入和创新综合绩效两者的得分最高成为园区创新能力的最重要组成要素。一方面表明各园区更加注重通过持续的创新资源投入为创新能力的提升奠定基础；另一方面表明新增的第七批次评

价园区有大量的园区仍然处于创新资源的集聚阶段，这与新增的第七批次处于建设起步阶段的园区有关。同时，这也表明园区的发展仍然未能脱离资源驱动发展的轨迹，从资源驱动到创新驱动的需要有一个转换进程，这一过程并非一蹴而就，而应该是逐步替代的软着陆过程，可见资源在创新发展过程中的影响力会逐步减弱，而创新成果和知识的贡献率将会逐步提升。在创新资源投入方面，济宁、淮北、武汉、荆州、辉山、新乡、玉溪、昌吉、潜江和望城排名前十，这些园区在创新要素投入和创新资源聚集方面具有一定的优势。在创新综合绩效方面，宁乡、湖州、南通、武汉、济宁、望城、昌吉、安阳、大庆和盐城排名前十。

（2）2019年各园区创新驱动支撑和创新成果产出水平的瓶颈效应仍未打破，园区在注重短期创新绩效的同时，对于园区的长远发展布局尚未重视，需要加强对创新价值链条的优化和管理

创新驱动支撑园区排名方面，济宁、玉溪、武汉、湖州、固安、泰安、宜昌、涿州、黄石和南昌位居前十。2019年国家农业科技园区创新能力评价结果显示，创新驱动支撑是5个分项指标中较低的一项，由于创新环境的改善本身就是一个较为漫长的而过程，因此，创新驱动支撑的指数增长缓慢，但是总体看，多数各园区的创新环境处于持续优化的进程中。同时，创新驱动支撑不足势必影响园区未来创新绩效的持续增长，成为制约园区创新能力提升的重要瓶颈。创新成果产出园区排名方面，武汉、玉溪、广州、辉山、南昌、济宁、新乡、怀化、合肥和固安排名位居前十。创新成果产出是5个分项指标中较低的一项，园区的创新驱动支撑水平较低主要是由于园区在建设过程中对于创新环境的营造重视程度不足，对于创新创业所需要的专业机构引入和技术服务提供仍然存在差距，以至于尚未打造良好的创新创业生态系统，这也与部分园区的建设周期较短有关。此外，2019年园区创新成果产出水平不高，是园区实现持续创新发展的另一重要制约因素。从农业科技园区的创新过程来看，其创新链是由横向合作创新和产学研一体化创新构成的网状结构，其创新资源的集聚到科技研发活动形成成果再到集成科技创新成果进行示范、推广实现产业化。这一创新过程中，需要多方创新主体的参与和创新服务组织的支撑，以保障信息、资源、资金、技术和成果在园区的创新价值链中高效顺畅地流动并不断增值。创新综合绩效较高，创新成果

产出不足，也在一定程度上表明，园区的发展创新存在资源驱动的特征。

此外，对于新增的新建园区来说，由于创新转化本身的周期性和滞后性，其创新成果处于形成阶段，创新成果相对不足。因此，无论对于新建园区还是较早建设的园区，创新生态环境的营造和加强创新成果产出都是其最为重要的建设发展任务。

（3）2019年各园区的创新示范推广作用绩效继续提升，成为推动园区创新发展和提升园区区域影响力的新势力

2019年的国家农业科技园区创新能力评价结果显示，创新示范推广是5项指数中得分第三高的分项指标。农业科技的集成示范和辐射推广是国家农业科技园区建设的中心任务之一，只有将园区核心区的优质科技成果向区外转移转化和示范推广，才能够发挥国家农业科技在区域农业发展中的助力产业升级和推动发展方式转变的作用，从而带动农业增效、农民增收和农村增绿。创新示范推广方面，周口、武汉、通州、淮安、黄石、玉溪、酒泉、寿光、济宁和红河排名前10位，这些园区充分地发挥了园区在创新示范推广和辐射带动方面的作用。

3.各园区在创新能力指数结构上差异明显，创新资源投入对创新能力提升的贡献度最大

以国家农业科技园区创新能力指数最高的3个园区（武汉、济宁和昌吉）为例，虽然创新能力指数都很高，但是发展的均衡程度却各不相同。对武汉、济宁、昌吉和全国园区平均创新能力指数结构差异进行比较，可以发现，武汉园区的创新能力主要来自其极高的创新成果产出、创新示范推广和创新综合绩效，且其他3项指标也具有一定优势，济宁园区的创新资源投入和创新驱动支撑2项指标均处于领先水平，而昌吉园区的创新能力主要来自其具有优势的创新资源投入和创新综合绩效。由此可知，武汉园区具有聚焦自主创新、兼顾均衡发展的特征，济宁园区具有优化创新环境、吸引创新资源的特征，昌吉园区具有注重融合创新、加强成果转化的特征，三者的创新发展各具特色。同时，对于大多数园区，各园区创新发展的导向由绩效转为资源投入，综合新增的第七批次新建园区处于建设起步阶段因素，创新资源投入对创新能力提升的贡献度是最大的，创新综合绩效仍然处于创新能力的重要绩效导向。

二、国家农业科技园区创新能力指数总体分析

根据2019年国家农业科技园区创新能力指数测算结果，将全国232个国家级农业科技园区创新能力划分为创新引领、创新示范、创新稳健和创新起步4类，各类国家农业科技园区创新能力指数和分析指标如表1-3所示。

表1-3 2019年国家农业科技园区创新能力分类

分类	园区名称	创新能力	创新资源投入	创新驱动支撑	创新成果产出	创新示范推广	创新综合绩效
创新引领区（47个）	武汉、济宁、昌吉、新乡、周口、公主岭、湄潭、泉州、酒泉、淮安、巴彦淖尔、定州、望城、黄石、广州、南昌、泰安、许昌、镇江、玉溪、辉山、合肥、盐城、永州、亳州、宁乡、邯郸、通州、西宁、阜阳、永川、涿州、即墨、湛江、怀化、南通、珠海、内江、寿光、佳木斯、固安、荆门、百色、湖州、泰州、渝北、宜昌	63.24	76.00	48.59	48.44	62.86	72.10
创新示范区（65个）	通化、焦作、绵阳、保山、潜江、武威、乌鲁木齐、乐山、红河、藁城、仙桃、铜陵、温宿、井冈山、临沂、常熟、儋州、湘潭、郴州、三明、无锡、德州、安庆、雅安、张掖、巴中、滦平、连云港、徐州、贵阳、大庆、常德、白银、滇中、唐山、滁州、商河、宜宾、北海、临夏、宿州、石河子、荆州、和林格尔、衡阳、商丘、石嘴山、锦州、河源、安顺、漯河、江津、安阳、六安、烟台、沧州、辛集、丰都、象山、渭南、赣州、漳州、通辽、密云、建三江	51.37	67.54	30.53	29.49	54.50	63.44

续表

分类	园区名称	创新能力	创新资源投入	创新驱动支撑	创新成果产出	创新示范推广	创新综合绩效
创新稳健区（62个）	马鞍山、岳阳、滨城、六盘水、毕节、湘西、弥勒、潍坊、淮南、莒南、扬州、韶关、南充、嘉兴、驻马店、威海、丰城、崇明、兰考、五一农场、蚌埠、忠县、十堰、上饶、同安、中卫、枣庄、淮北、旅顺、鹤壁、滨州、宁德、运城、萧山、龙岩、阿拉尔、铁岭、池州、长寿、浦东、津南、邵阳、白山、克拉玛依、三河、金州、宜春、定西、咸阳、南阳、赤峰、榆林、璧山、吕梁、丰宁、黔东南、甘南、潼南、栖霞、石林、广安、金华	44.06	61.79	21.28	17.76	46.88	58.06
创新起步区（58个）	黑河、邵武、伊犁、深圳、萍乡、黔南、赤水、海南、延边、宣威、菏泽、汉中、顺义、遂宁、阜新、涪陵、海东、天水、黔西南、松原、海西、昌平、威县、芜湖、五家渠、宣城、濮阳、延庆、三亚、铜川、铜仁、西咸、哈密、日喀则、和田、塔城、聊城、海城、固原、慈溪、陵水、新余、大理、贺州、宝鸡、楚雄、滨海、沙湾、桂林、银川、大厂、胡杨河、鄂尔多斯、拉萨、锡林郭勒、房山、乌兰察布、海北	33.04	51.00	9.56	5.90	38.10	50.34

1. 第Ⅰ类园区（创新引领区47个）

该类园区包括武汉、济宁、昌吉、新乡和周口等47个园区，其代表了232个国家农业科技园区创新能力的最高水平。2019年创新引领区的创新能力指数平均得分为63.24分，其中创新资源投入最高，为76.00分。该类园区的总体创新能力指数明显高于其他园区，且创新能力的各构成维度发展较为均衡。创新水平指数均位居前列。这些园区的特点是：科技成果转化率较高，新品种、新技术、新设施等集成示范力度较大，科技成果转化和企业孵化能力强。武汉园区的创新能力长期居于全国领先地位，其先后搭建了成果研发、企业孵化、示范推广、信息交流和投融资五大平台，并适时地引入了市场化的运营管理机制，通过成立武汉高农集团负责园区的日常组织管理工作，极大地提升了园区创新产出效率。并且园区建立了全国第一家国家级农业专业孵化器，通过培育大量的农业高新技术企业，促进农业科技成果转化，带动农民增收致富。济宁园区是其中的典型代表，济宁园区以生物技术和花卉苗木产业为主导，注重创新创业服务环境的营造与完善，重点打造了创新培训服务和信息物流交易两大平台及园艺创业园，并建立了苗木标准化生产在内的四大示范基地，从而为园区的研发创新、农科创业、市场交易和转化推广提供了良好的支撑。近年来，昌吉园区的创新能力表现突出。从2002年经科技部批准发展到2019年，园区一直以建设新疆现代农业的绿色"硅谷"为发展思路，以创新之力激活产业之变，以科技带动创新提升。园区依托国家农业科技园区协同创新战略联盟和国家农业科技创新联盟的共享协同机制，通过科研院所、龙头企业与当地政府、农业科研推广机构和农村经济合作组织等多方合作的方式，建成332个具备产业技术研究、技术成果示范、农民技术培训、科技信息服务、科技扶贫等功能的示范推广基地。昌吉园区围绕棉花产业，与国家棉花产业联盟共建优质棉示范基地200万亩；围绕粮食产业，建成100万亩优质小麦基地，打造集生产、加工、收储、物流、科研于一体的粮食全产业链；鹰嘴豆特色产业，建立高标准种植生产示范基地30万亩，依托正生生物实现了鹰嘴豆多肽的产业化开发，提升了产品附加值和产业竞争力，昌吉园区已经成为全疆现代农业"先行区、引领区、示范区"。从总体创新能力指数的结构来看，创新引领园区在创新综合绩效、创新资源投入和创新示范推广3个方面均表现出色，而创新驱动支撑和创新成果产出方面虽然具有领先优势，但是仍有较大的提升空间。

2. 第Ⅱ类园区（创新示范区65个）

该类园区包括通化、焦作、绵阳、保山和潜江等65个园区，代表了国家农业科技园区创新能力的次高水平，属于创新能力重点推进示范园区。2019年创新示范区的创新能力指数平均得分为51.37分，其中创新资源投入得分最高，为67.54分，并且该类园区之间的发展水平差别较大。从创新能力指数结构来看，创新示范区的创新资源投入、创新综合绩效及创新示范推广对于创新能力的贡献较大，与创新引领区差距较小。而创新驱动支撑和创新成果产出与创新引领区存在明显差距，且与其他3项创新能力要素的得分差距较大，创新能力指数结构存在一定程度的不平衡。

3. 第Ⅲ类园区（创新稳健区62个）

该类园区包括马鞍山、岳阳、滨城、六盘水和毕节等62个园区，2019年创新稳健区的创新能力指数平均得分为44.06分。该类园区的创新资源投入、创新综合绩效是构成创新能力指数得分的主要因素，创新示范推广也取得了一定的成效。主要原因是该类园区中有相当数量的新建园区，其创新要素积累特别是人才方面的积累还没有完全实现，属于稳步推进阶段，因此，创新水平仍处于发展阶段，同时创新成果产出方面较创新示范区也有一定的差距。该类园区创新创业的服务与支撑能力相对较低，农业科技企业的孵化、新业态的培育等是当前创新工作推进的重点。与第Ⅰ、第Ⅱ类园区相比，创新水平不高，且创新能力指数结构失衡非常明显，Ⅲ类园区的整体呈现水平不高，未来在提高创新能力的同时，需要主要实现创新能力的均衡发展。

4. 第Ⅳ类园区（创新起步区58个）

该类园区包括黑河、邵武、伊梨、深圳和萍乡等58个园区，2019年创新起步区的创新能力指数平均得分为33.04分。该类园区创新能力相对较差，创新驱动支撑、创新成果产出方面缺乏建设亮点。该类园区除了创新水平平均值外，大部分园区的5个分类指标也均低于前3类园区。其中，创新驱动支撑平均得分为9.56分，创新成果产出平均得分为5.90分，与领先园区的差距非常明显。其中，一部分园区为第七批新增园区，占创新起步区园区数量的37.29%，这类园区处于园区起步建设阶段，尚未有显著的成果产出；另一部分园区延庆等创新起步区园区在创新示范推广与创新综合绩效方面排名较靠前，但由于自身各项发展不均衡导致总体创新能力水平落后，该类园区应该加强园区的创新创业环境建设，为园区创新资源集聚、创新成果的形成、转移转化和产业化提供强有力的支撑，打破园区的创新发展瓶颈，实现园区创新能力的快速均衡发展。

5. 4类园区的创新能力指数构成存在一定差异，Ⅰ类园区实现了创新能力发展较为均衡，而Ⅲ、Ⅳ类园区的创新能力发展存在明显的失衡现象

从创新能力指数结构来看，4类园区创新能力建设均主要依靠创新综合绩效和创新资源投入带动。其中，第Ⅰ类园区创新资源投入、创新驱动支撑、创新成果产出和创新示范推广、创新综合绩效5个方面均是最高，并且创新能力的构成要素结构更加合理，实现相对快速且均衡的发展。创新示范区在创新示范推广方面也具有一定的优势，但是在创新驱动支撑方面和创新成果产出与创新引领区存在明显的差距，这说明创新示范区建设中最大的问题就是创新创业服务的支撑力度不够且在创新成果产出方面存在阻碍，创新环境亟待改善。而创新稳健区和创新起步区最大的问题就是创新驱动支撑和创新成果产出这两项明显偏低，说明这两类园区需要通过创新创业环境的优化来实现优质创新资源的集聚，并为创新资源的形成转化提供一系列的服务支撑，来实现园区的持续创新发展，如图1-1所示。

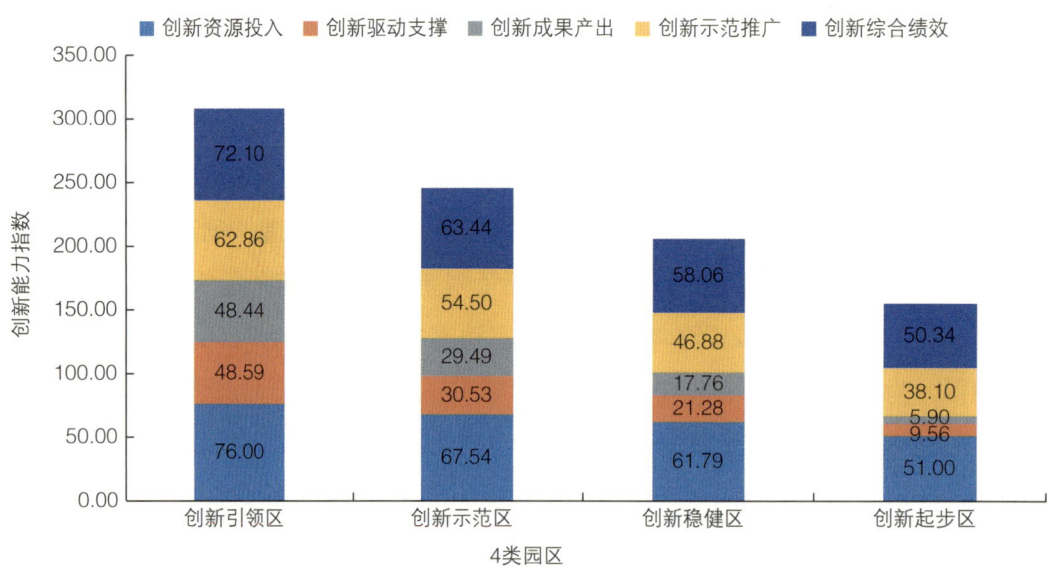

图1-1 2019年4类园区的创新能力指数结构

从指数总体分析可以看出，处于创新引领区的武汉、济宁、昌吉、新乡、周口、公主岭、湄潭、泉州、酒泉、淮安、巴彦淖尔、定州、望城、黄石和广州等园区的创新资源投入、创新驱动支撑、创新成果产出、创新示范推广与创新综合绩效代表了国家农业科技园区创新发展的一流水平，是园区创新引领发展的标杆与排头兵；而处于创新示范区的通化、焦作、绵阳、保山、潜江、武威、乌鲁木齐、乐山、红河和藁城等园区与创新引领区共同形成园区的上游发展群体，两类园区共112家，占到了整个园区数量的48.28%，是园区推动区域农业结构调整、产业转型升级与实现乡村全面振兴的中流砥柱与中坚力量。

三、国家农业科技园区创新能力区域差异分析

1.中部园区的创新能力指数居于领先，各地区创新驱动支撑和创新成果产出差异较大，已初步形成"重投入，高产出"的创新总体发展格局

按地域划分，232个园区中，东部园区72个、中部园区56个、西部园区88个、东北地区16个，园区布局相对差异较大。而创新驱动支撑和创新成果产出的区域间差异相对最大，其变异系数分别达到了68.91%和72.36%，说明各区域在创新环境建设和创新成果形成方面参差不齐，存在分化现象。而在创新资源投入方面，各区域间仅有微小差距。根据评价结果，四大地区的园区创新能力指数及5个分项指标的平均得分，如表1-4所示。

表1-4 2019年各区域园区创新能力指数和分项指标得分

	总指数	创新资源投入	创新驱动支撑	创新成果产出	创新示范推广	创新综合绩效
东部	48.48	65.19	26.55	25.00	48.61	64.80
中部	51.68	65.74	31.75	31.93	52.39	63.38
西部	44.15	60.65	23.59	20.25	50.94	54.88
东北	44.21	63.78	22.05	18.92	43.05	60.95

由表1-4可知，2019年232个园区中，中部地区的园区创新能力指数最高，为51.68分，继续在全国处于领先地位。2019年的创新能力由创新资源投入和创新综合绩效双轮驱动开始向为资源、推广与绩效三者联动演变，但是创新驱动支撑和创新成果产出的依然最重要的发展制约因素，未来园区在创新能力建设的方向较为明确，即提升创新创业环境，加强资源物化水平。

2.创新资源投入方面，各区域的创新资源投入水平较为接近，东部和中部园区略有优势

创新资源投入指数方面，全国各园区的创新资源投入平均水平为63.50分。通过表1-4可以发现，其中，东部、中部和东北园区的创新资源投入均超过了全国平均水平，中部园区处于领先地位，但领先优势并不明显。东部、中部园区之间的差异非常小，这说明经济相对发达地区的园区已经充分认识到园区在区域经济发展中的重要作用，纷纷加大对园区的资源投入，通过园区的创新驱动和辐射带动促进本地区的农业经济持续高质量发展。西部园区受制于财力和区位的影响，其对创新资源的投入水平和吸引下力相对有限，总体投入水平落后其他区域，园区创新资源投入的区域差异具体如图1-2所示。

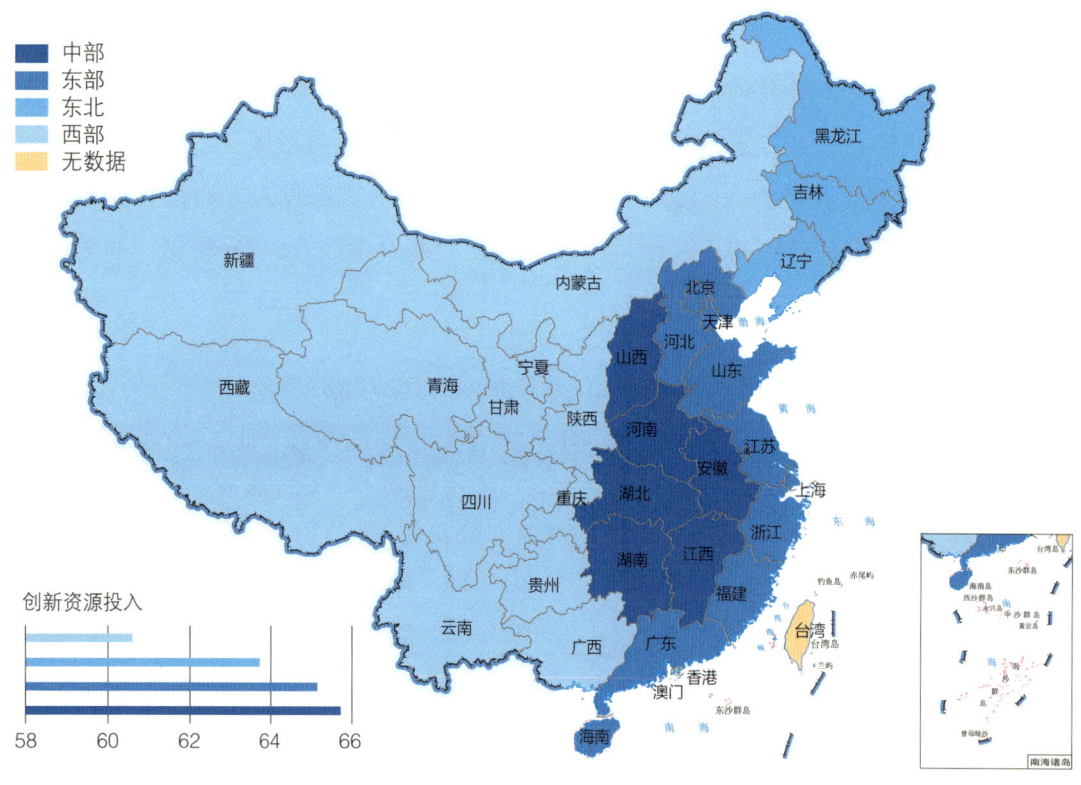

图1-2 园区创新资源投入的区域差异

3.创新驱动支撑方面，中部园区的创新驱动与支撑能力明显高于其他区域，园区创新创业环境提升成效显著

创新驱动支撑指数方面，全国各园区的创新驱动支撑平均水平为26.37分。通过表1-4可以发现，中部和东部园区均超过了全国平均水平，创新驱动支撑存在着较为明显的区域差异。而中部园区的创新驱动支撑水平超越了东部地区，这说明中部园区在加大创新资源投入的同时，开始注重园区创新创业环境的建设与优化，通过提供全方位的创新创业服务和多种政策支持吸引科技企业、创新人才和创投资本等优质创新资源的集聚，并积极推动创新资源的优化配置和协同互补。园区创新驱动支撑的区域差异具体如图1-3所示。

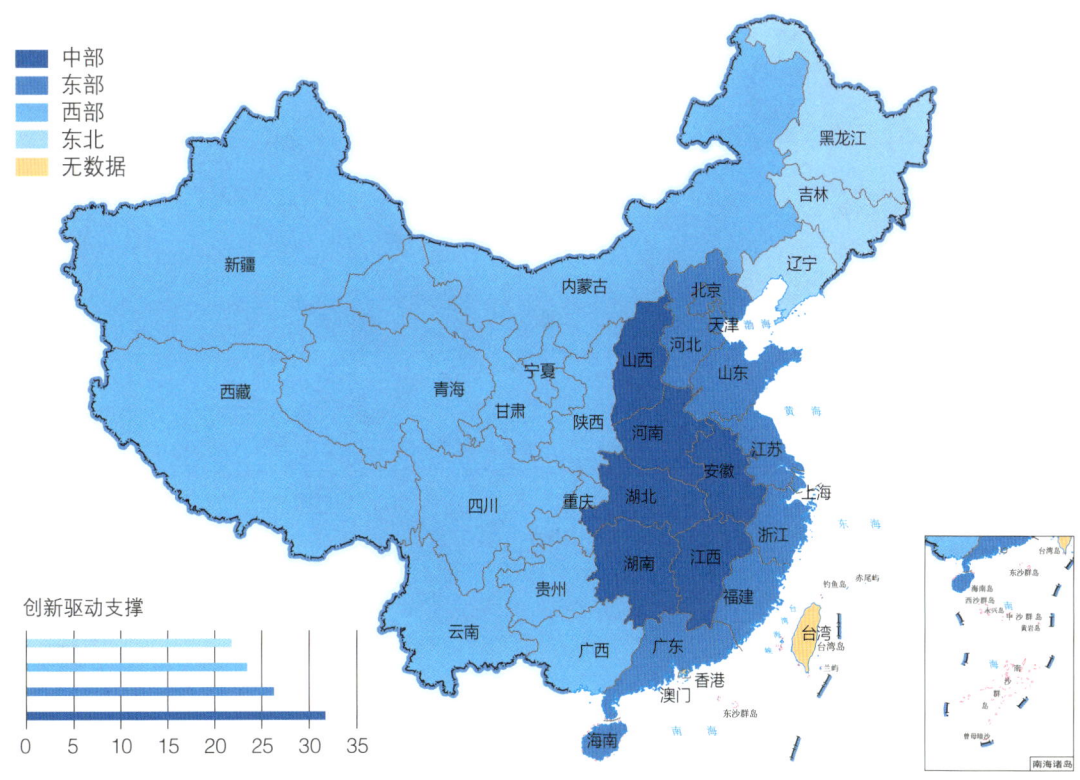

图1-3 园区创新驱动支撑的区域差异

4. 创新成果产出方面，各区域的成果产出水平相对较大，资源与环境优势为中部园区的高产出奠定了良好基础

创新成果产出指数方面，全国各园区的创新成果产出水平为24.45分。通过表1-4可以发现，中部和东部地区园区超过了全国平均水平，且中部园区的领先优势较为明显。这说明创新驱动支撑在创新资源转化为创新成果的过程中发挥着重要作用。通过营造良好的创新创业环境，在吸引优质创新资源的同时，更有利于其高效协调使用，转化为大量的新技术和新设施，从而为创新驱动发展奠定坚实的基础。园区创新成果产出的区域差异具体如图1-4所示。

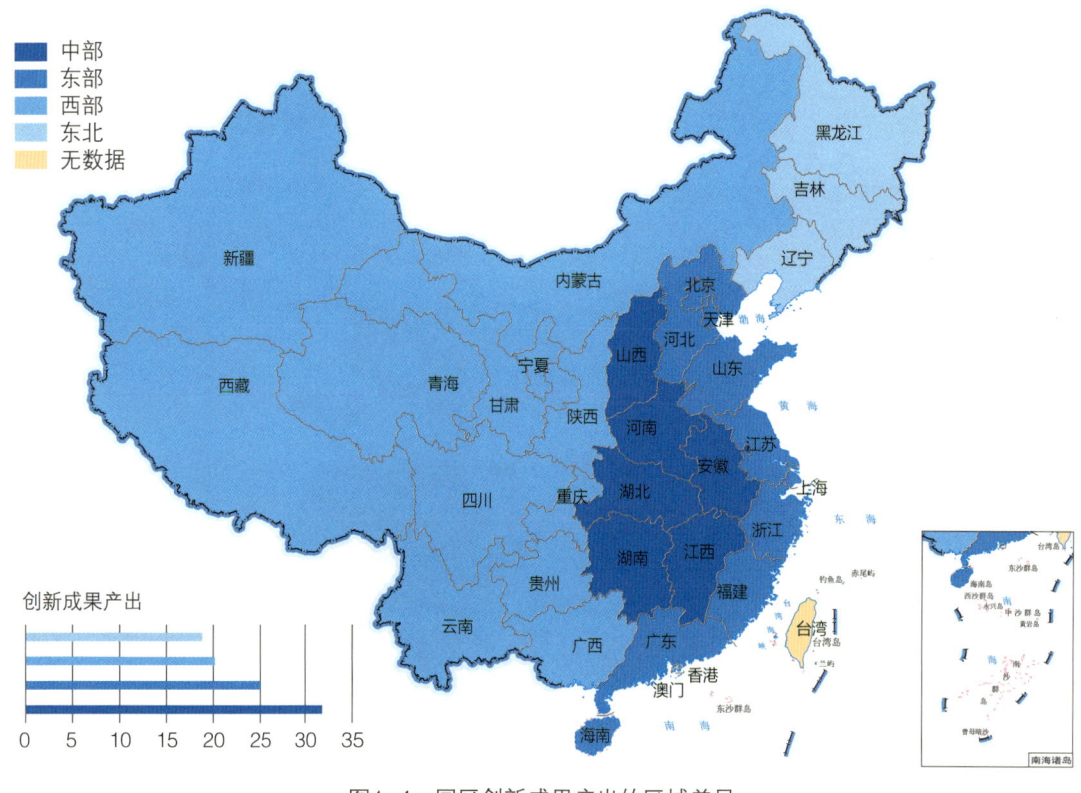

图1-4 园区创新成果产出的区域差异

5. 创新示范推广方面，中部和西部园区更加注重创新成果的引进、示范与推广，辐射带动作用显著增强

创新示范推广指数方面，全国各园区的创新示范推广平均水平为50.02分。通过

表1-4可以发现，中部和西部园区的创新示范推广水平超过了全国平均水平。而东部与东北园区在创新示范推广方面仍有一定的提升空间。这说明西部园区在认识到自身在自主创新能力不足的同时，为园区发展制定了较为清晰的功能定位，即加大科技成果的引进、推广和示范，充分发挥园区的科技集成推广载体作用。通过创新成果的示范推广，有效推动区域农业转型升级，并带动园区周边的农民脱贫增收。园区创新示范推广的区域差异具体如图1-5所示。

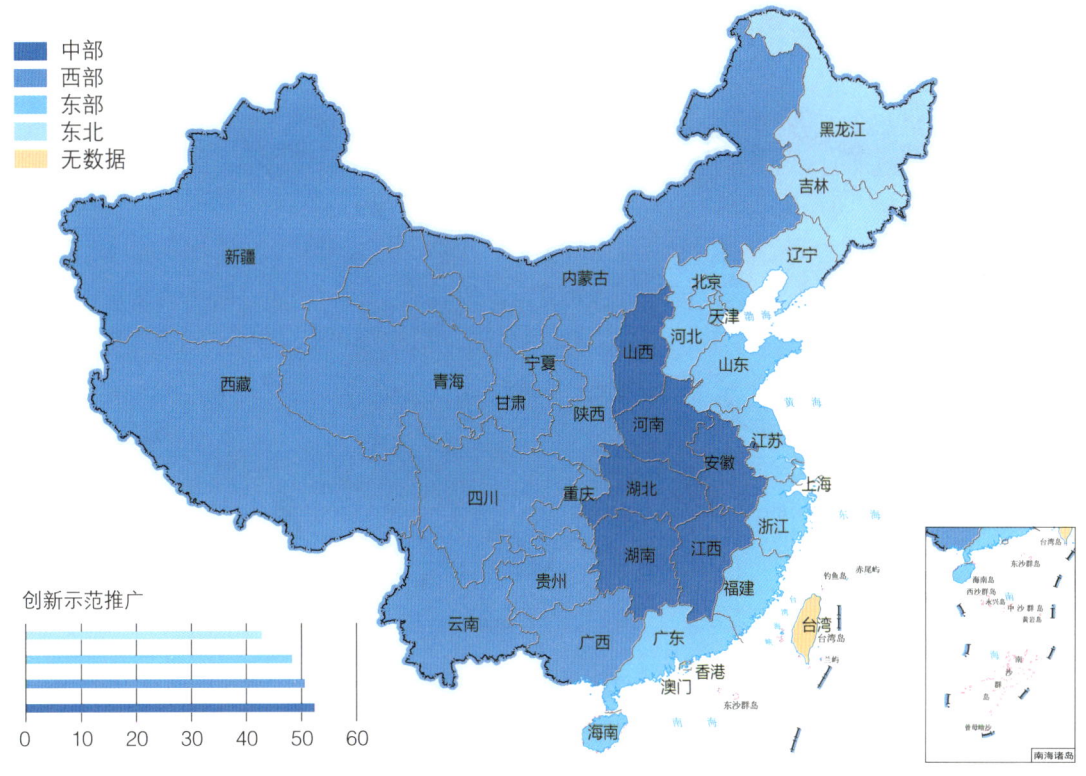

图1-5 园区创新示范推广的区域差异

6.创新综合绩效方面，各区域的综合创新绩效差距不大，东部园区的绩效水平具有相对优势

创新综合绩效指数方面，全国各园区的创新综合绩效平均水平为60.43分。通过表1-4可以发现，东部、中部和东北园区的创新综合绩效超越全国平均水平，并且东部和中部园区的创新综合绩效具有一定的领先优势。这主要是由于东部和中部园区在创新成果方面的优势所带来的。通过对创新成果的有效市场转化，形成了较为优异的

园区创新绩效。而创新成果的市场转化与东部和中部园区优质的创新创业环境密切相关。东部与中部园区已经基本形成了"创新投入→创新成果→创新绩效"的创新价值链，具备了一定的持续创新驱动发展能力。园区创新综合绩效的区域差异如图1-6所示。

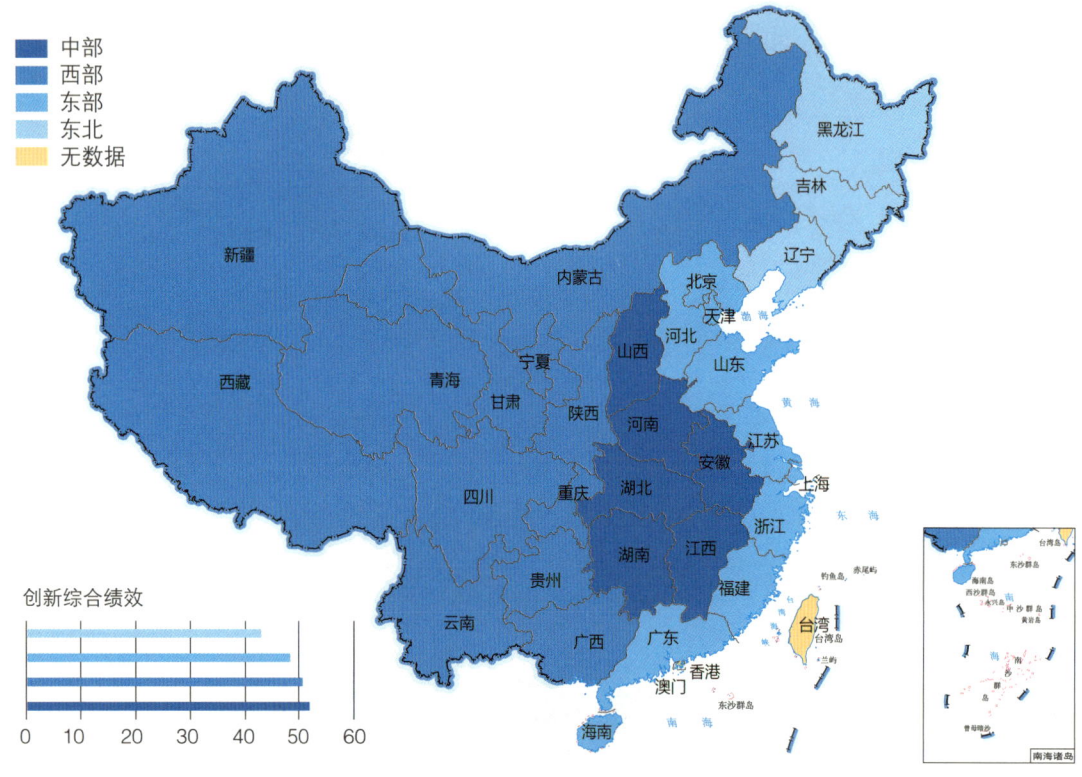

图1-6　园区创新综合绩效的区域差异

7. 一类和二类优质园区的分布具有区域性特征，东部和中部园区在一类园区的数量上优势明显，西部地区在二类园区的数量上领先其他区域，东北地区的优质园区数量有所增长

从一类和二类园区在各区域的分布状况来看，47个一类园区（创新引领区）有19个在东部地区、15个在中部地区、10个在西部地区、3个在东北地区。同时，65个二类园区（创新示范区）有19个在东部地区、18个在中部地区、24个在西部地区、4个在东北地区。由此可知，东部地区拥有一类（创新引领区）和二类（创新示范区）

园区共计38个，中部地区共计33个，西部地区共计34个，东北地区仅有7个，排名最末。具体如表1-5所示。

表1-5 2019年一类和二类园区的区域分布对比

	一类园区（创新引领区）	二类园区（创新示范区）	合计	比例
东部	19	19	38	52.78%
中部	15	18	33	58.92%
西部	10	24	34	38.64%
东北	3	4	7	43.75%

由表1-5可知，东部与中部地区拥有的一类园区（创新引领区）和二类（创新示范区）最多，其中，东部和中部一类园区数量明显高于其余地区，这说明创新能力最强的国家农业科技园区主要分布在东部和中部地区。同时也说明两个地区在园区创新建设方面整体表现较好。西部地区拥有的二类园区数量最多，说明西部注重优秀园区的打造，建设成果正逐步显现出来。

四、国家农业科技园区总体创新效率分析

技术效率是指由科技含量的提高而带来的产出成效，反映了对现有资源有效利用的能力，体现的是生产部门在既定投入水平下产出的最大能力，或者是在既定价格和生产技术下，实现生产部分投入要素最优比例的能力。简而言之，是指在给定各种投入要素的条件下实现最大产出的能力，或者给定产出水平下投入最小化的能力。

1.具有创新效率的园区分布方面，东部地区拥有创新效率的园区数量最多，且占比最高，其他区域实现创新效率的园区占比差异不大

通过对园区的创新技术效率进行分析，能够了解国家农业科技园区对创新投入资源的使用、配置和管理情况。利用参与评价的232个农业科技园区2019年的数据，采用数据包络分析（DEA）中的BCC模型，以投入为导向，选择园区的核心区建成面积、年度R&D投入总额、年度R&D人员数和园区的入驻企业数量为创新投入指标，

园区授权发明专利数、园区通过审定的新品种数量、园区认定的高新技术企业数和园区的年度总产值为创新产出指标，进行园区的创新技术效率分析，测算结果表明，在参与评价的232个园区中，共有65个园区具有创新技术效率，即技术效率值为1（即100%），其他园区的技术效率值均小于1。其中，东部园区24个，中部园区16个，西部园区21个及东北园区4个。具体如表1-6所示。

表1-6　2019年具有创新技术效率的园区分布

区域	参与评价的园区数量/个	具有创新技术效率的园区数量/个	园区名称	占区域比例	占全国比例
东部	72	24	广州、三河、滨城、镇江、津南、固安、丰宁、陵水、三明、房山、即墨、德州、象山、顺义、南通、定州、河源、金华、同安、深圳、济宁、滨海、湛江、延庆	33.33%	10.34%
中部	56	16	武汉、宁乡、黄石、驻马店、焦作、宣城、亳州、丰城、怀化、十堰、池州、上饶、岳阳、荆州、鹤壁、合肥	28.57%	6.90%
西部	88	21	宣威、大理、保山、温宿、沙湾、胡杨河、铜川、海北、赤水、玉溪、塔城、拉萨、南充、北海、黔南、楚雄、和林格尔、银川、乌鲁木齐、和田、乌兰察布	23.86%	9.05%
东北	16	4	金州、大庆、旅顺、辉山	25.00%	1.72%

从表1-6可以看出，2019年具有创新技术效率的园区达到65个，占到全国园区的比例约为28.02%。具有创新技术效率的园区分布方面，东部园区达到24个，是4个区域中拥有具备创新技术效率园区数量最多的，并且其占比也是最高的，占到东部园区总数的33.33%，即东部园区总数的1/3，同时也占到了全国园区总数的10.34%。此外，中部、西部和东北具有创新技术效率的园区数量也达到了16个、21个和4个，分别占到区域园区比例的28.57%、23.86%和25.00%，三者比例之间的差别不大。这说明在具有创新技术效率的园区分布方面，并不存在明显的区域差异。

2.园区创新效率的区域对比方面,中部地区园区的创新效率均值最高,西部和东部地区低于全国的平均水平

这些具备创新技术效率的园区在创新投入资源的配置和管理上是最有效的,充分利用其投入资源实现了创新产出的最大化。而对于创新技术效率不足的园区,需要完善园区的组织管理机制、减少创新的冗余投入、优化创新资源的配置、依托农业院校和科研机构,积极搭建农业关键技术的研发合作平台和集成创新平台,加快农业科技成果的扩散。根据测算的园区创新技术效率值,全国232个农业科技园区的创新技术效率均值为0.6074,其中东部园区创新技术效率均值为0.6100、中部园区创新技术效率均值为0.6575、西部园区创新技术效率均值为0.5917、东北园区创新技术效率均值为0.5073,略微落后于其他地区。具体如图1-7所示。

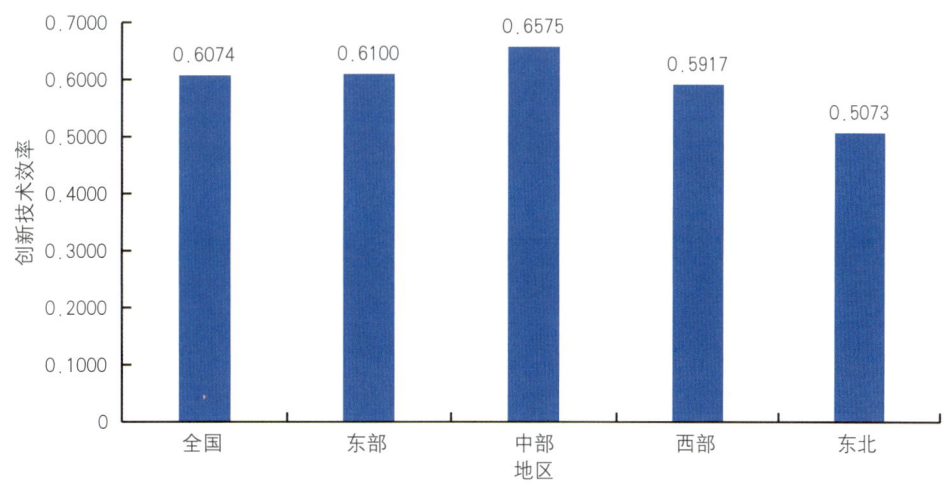

图1-7 2019年园区创新技术效率的区域对比

五、小结

本章采用国家农业科技园区创新能力指数对园区创新能力进行总体评价,得出以下结论。

①园区之间创新能力的区域间差异有所缩小,武汉、济宁和昌吉依旧位居三甲,玉溪园区近年来的发展较为迅速。

②各园区创新资源投入是5项指数中最高的，已经成为园区创新能力的第一贡献要素，其对园区发展的引导作用显著。

③2019年各园区创新成果产出和创新驱动支撑指数较低，说明亟须通过创新创业环境的优化提生创新资源的成果产出。

④各园区继续注重创新绩效的产出，同时园区的创新辐射带动作用显著增强。

⑤各园区创新能力指数在结构上有所差异，创新资源投入对创新能力提升的贡献度最大。

⑥4类园区创新能力新发展的驱动力有所不同，创新引领区的创新环境建设良好，且实现了创新均衡发展。

⑦中部园区的创新能力领先全国，各地区创新资源投入和创新综合绩效无显著差异，但创新驱动支撑和创新成果产出差异较大，已初步形成"重投入，高产出"的创新总体发展格局。

⑧创新资源投入方面，创新资源投入的区域差距明显缩小，西部园区的资源投入相对落后。创新驱动支撑方面，中部园区的创新驱动与支撑能力保持领先，园区创新创业环境持续改善。创新成果产出方面，创新投入的加大和创新环境的优化有效促进了中部园区的创新成果产出。创新示范推广方面，中部与西部园区更加注重创新成果的引进、示范与推广，辐射带动作用显著增强。创新综合绩效方面，东部园区的综合创新能力具有相对优势，创新综合绩效引领全国。

⑨一类和二类园区的区域分布差异总体略有不同，东部和中部园区在一类园区的数量上优势明显，西部地区在二类园区的数量上领先其他区域，东北地区需要重点打造标杆性的优质园区。

⑩中部园区的平均创新技术效率最高，东部具有创新技术效率的园区数量最多，各区域具备技术效率的园区比例总体差异不大。

2018年和2019年各区域园区创新资源投入情况,具体如图1-8所示。

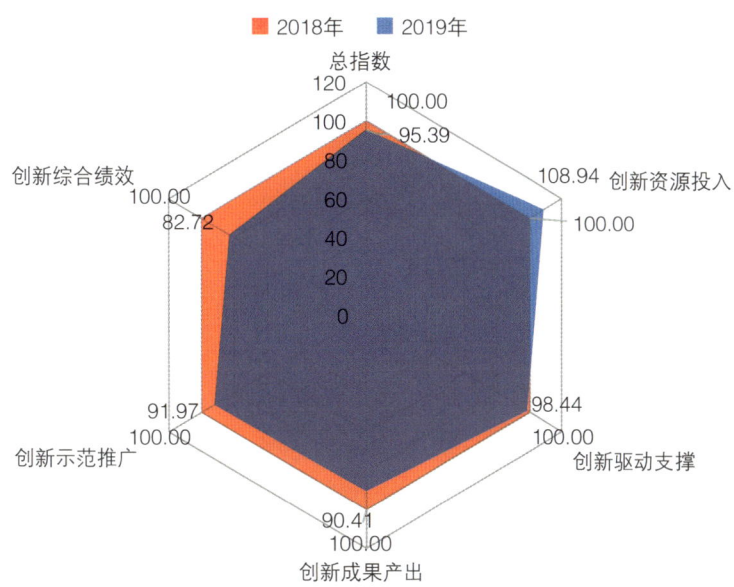

图1-8 2018年和2019年各区域园区创新资源投入情况

国家农业科技园区创新能力评价报告2020

第二章

国家农业科技园区创新能力分项评价

——创新资源投入评价

创新资源投入是创新能力形成和创新成果产出的基础，同时对于资源的使用和配置水平，又是园区创新能力的重要体现，是加强农业科技创新工作的必要保障和关键举措。通过农业科技园区的组织形式促进农业产业发展的重要优势就在于能够通过各类创新资源的集聚与协同形成区域农业增长极，从而助推区域农业的创新发展，因此，对于各园区创新资源投入状况的评价是园区评价的首要工作。本章分别从总体创新投入、支撑建设投入、建设发展规模及创新核心要素投入等方面对园区创新资源投入情况进行分析。

一、园区总体创新投入状况

本报告通过园区内企业R&D经费投入强度和企业R&D人员数两个指标来分析园区的总体创新投入状况，并对比2018年和2019年的园区数据，以及对东部、中部、西部和东北地区的园区进行综合分析。

1.园区内企业R&D经费投入强度减弱，西部园区投入强度最高

R&D经费投入强度是衡量一个国家（地区）或一个企业对科技和创新投入力度的重要指标，也是国际社会广泛使用的科技指标，世界各国普遍将R&D经费投入强度作为创新战略规划中的核心指标。园区内企业R&D经费投入强度=园区企业的R&D内部经费支出/园区当年的总产值。2019年全国232个园区的企业R&D经费总投入达到379.12亿元，平均每个园区内企业R&D经费投入强度为3.37%。其中，临夏、固原、鄂尔多斯、宜昌和新余园区的企业R&D经费投入强度排名居全国前5位，其中固原在总产值不高的情况下，主动转变发展方式，加大创新投入。2019年企业R&D经费投入

强度排名居前20位的园区如图2-1所示。

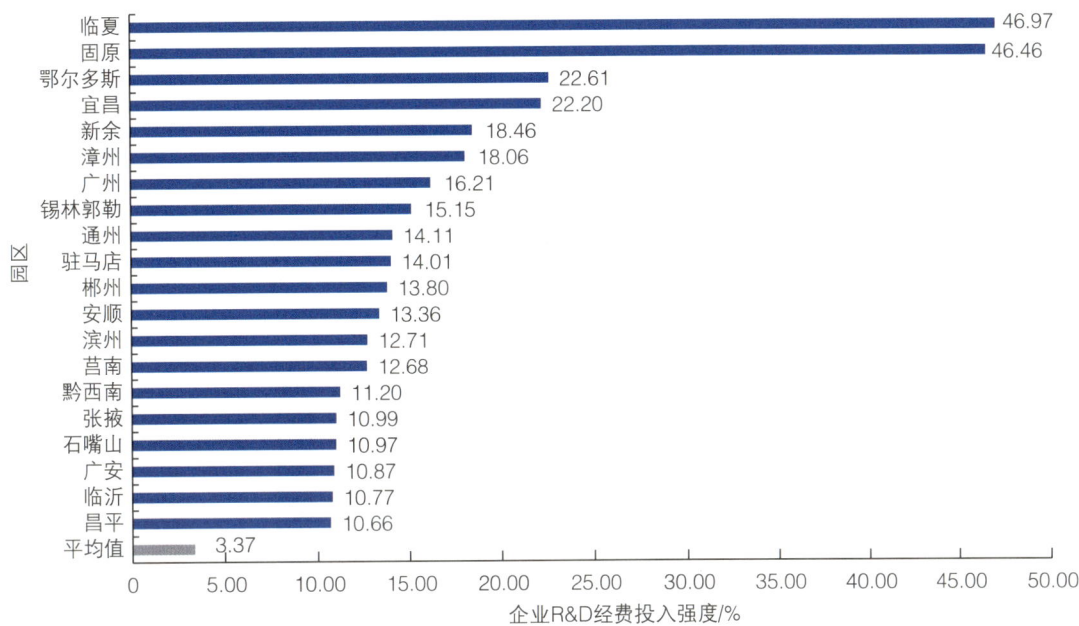

图2-1　2019年企业R&D经费投入强度排名居前20位的园区

区域对比方面，如表2-1所示，2019年232个园区中，西部园区企业最为重视R&D经费投入力度，企业R&D经费投入强度平均值为3.81%，高于全国平均水平。东部和中部园区企业次之，企业R&D经费投入强度平均值分别为3.39%、3.16%。东北园区企业R&D经费投入强度平均值为1.63%，与其他地区园区差距较大，且远低于全国平均水平。

表2-1　2018年和2019年各区域企业R&D经费投入强度平均值情况

单位：%

地区	2018年	2019年
全国	4.24	3.37
东部	5.16	3.39
中部	4.10	3.16
西部	4.10	3.81
东北	1.98	1.63

与2018年相比，2019年各园区企业R&D经费投入强度平均值明显降低，降幅约为20.52%。所有地区园区的企业R&D经费投入强度均下降，前期园区可能已投入大量的R&D经费，本年的投入强度相对降低，其中东部园区下降幅度最大，约为34.30%，中部、东北和西部园区的降幅分别为22.93%、17.68%和7.07%，具体如图2-2所示。

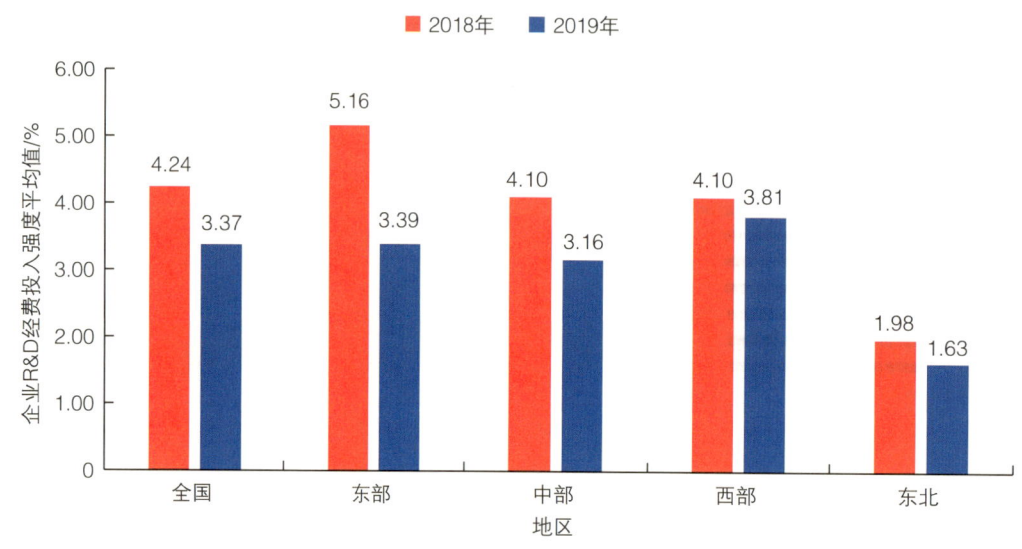

图2-2　2018年和2019年各区域企业R&D经费投入强度平均值情况

2.园区内企业R&D人员数总体减少，东部园区R&D人员最多，东北园区增长明显

人才是科技发展的根本，是科技创新的关键。科技创新是实施创新驱动发展战略的核心，科技创新能力主要取决于人才。因此，科技创新人才无疑是科技创新中不可或缺的要素，是科技创新活力之源。园区要实现持续创新发展，必须大量引进和集聚高层次的科研人员。近年来，园区通过加大财政科技支出、制定人才引进政策、设立博士后流动站、完善科技人才聘用制度等，推动园区创新人才量与质的共同提升。2019年232个园区内企业研发人员总数达到12.99万人，平均每个园区的R&D人员数为559.89人。其中，玉溪、武汉、涿州、淮安和济宁园区排名居全国前5位。尤其是玉溪园区，R&D人员数超过7000人。2019年企业R&D人员数排名居前20位的园区如图2-3所示。

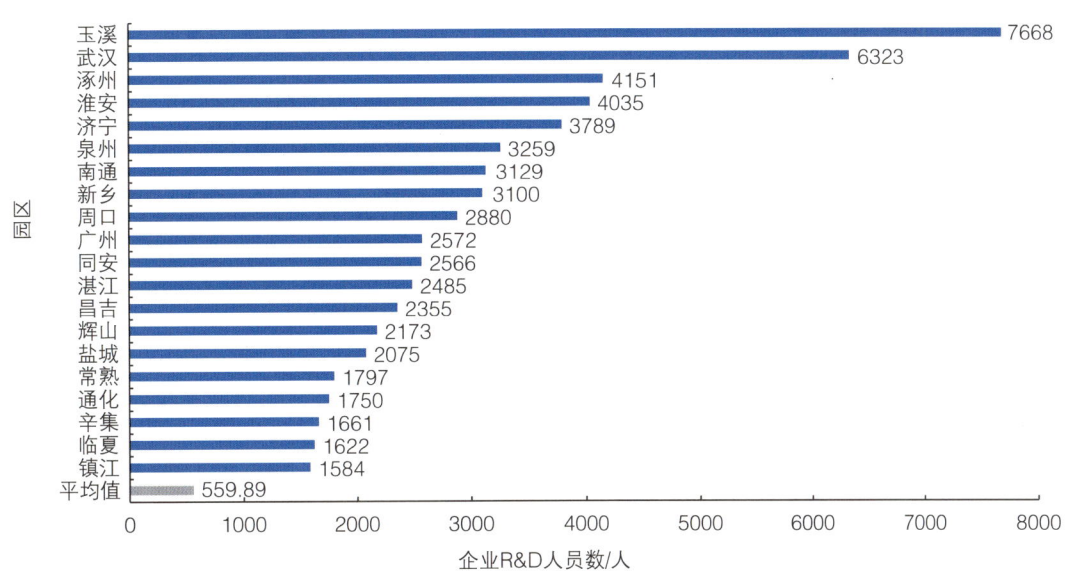

图2-3 2019年企业R&D人员数排名居前20位的园区

区域对比方面，2019年232个园区中，东部园区较为重视R&D人员的投入，平均企业R&D人员数最多，达到755.29人，远超全国平均水平；东北园区和中部园区分别为556.24人和548.86人，略低于全国平均水平；西部园区为407.69人，与东部园区相差较大，远低于全国平均水平，具体如表2-2所示。

表2-2 2018年和2019年各区域平均企业R&D人员情况

单位：人

地区	2018年	2019年
全国	595.17	559.89
东部	876.34	755.29
中部	515.19	548.86
西部	432.67	407.69
东北	508.69	556.24

与2018年相比，2019年各园区平均企业R&D人员数略有下降，降幅为5.93%。这种下降与新建园区的企业R&D人员数相对较少有关（同样本情况下，2019年园区企业R&D人员数同比增加7.83%）。其中，中部园区和东北园区平均企业R&D人员数有所增长，增幅分别为6.54%和9.35%，而东部园区和西部园区平均企业R&D人员数均减

少，降幅分别为13.81%和5.77%。东部园区和西部园区企业R&D人员数的减少与两年样本的差异有关（同样本情况下，2019年东部园区和西部园区企业R&D人员数同比分别增加1.00%、15.27%），具体如图2-4所示。

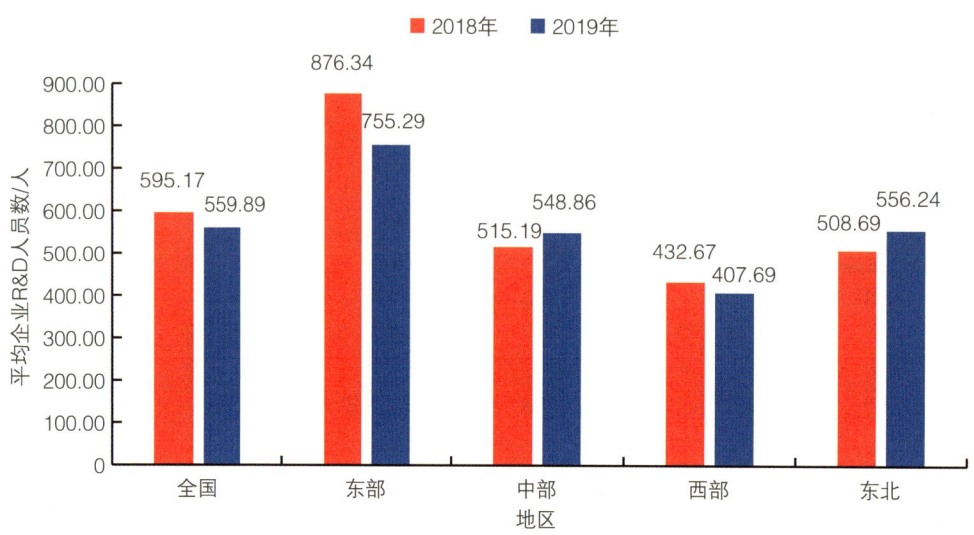

图2-4　2018年和2019年各区域平均企业R&D人员情况

二、园区支撑建设投入状况

本报告采用园区当年地方政府投入和园区当年建设总投入两个指标分析园区的支撑与建设投入情况，并对比2018年和2019年园区数据，以及对东部、中部、西部和东北地区的园区进行综合分析。

1.园区当年地方政府投入总体增加，中部园区地方政府投入最多，东部园区地方政府投入明显增多

政府投入数额体现的是政府对园区的资金支持情况，其大小可以体现政府对园区创新发展的重视程度，对于科技园区尤其重要，因此是衡量一个园区在创新投入方面的重要指标。2019年232个园区政府投入共计414.35亿元，平均每个园区为17 859.74万元。其中，荆州、通辽、珠海、潜江和温宿园区的政府投入居全国前5位。2019年地方政府投入排名居前20位的园区如图2-5所示。

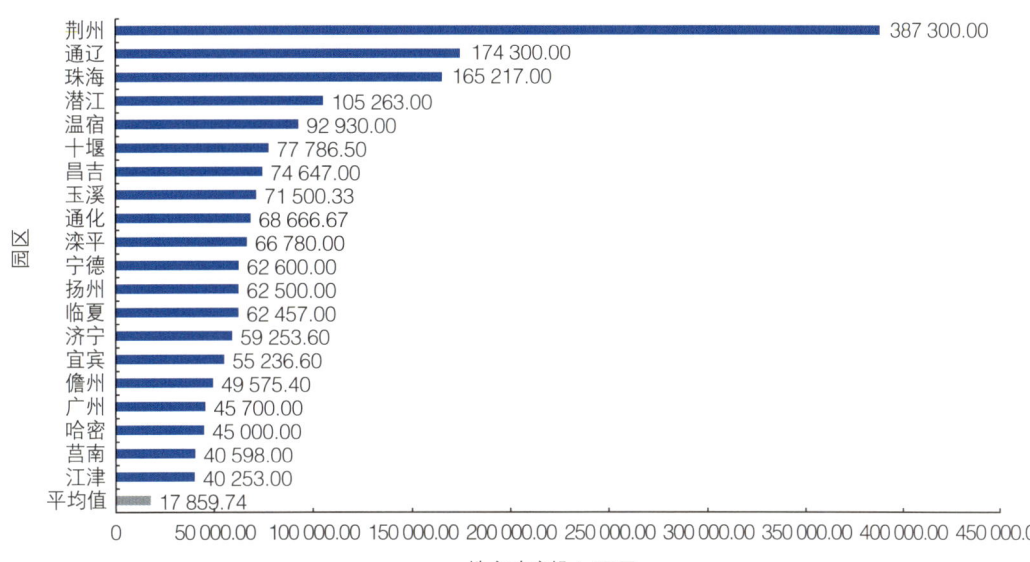

图2-5 2019年地方政府投入排名居前20位的园区

区域对比方面，2019年232个园区中，中部园区平均地方政府投入最多，达到23 342.21万元；东部园区位居第二，但是与中部园区具有较大差距，为18 209.13万元，略高于全国平均水平，这是由于部分东部园区已经完成了园区的基础建设，并且园区盈利状况较好，对于地方财政的依赖程度下降。西部园区和东北园区平均地方政府投入分别为15 167.01 万元、11 908.91万元，远低于全国平均水平（表2-3）。

表2-3 2018年和2019年各区域园区平均地方政府直接投入情况

单位：万元

地区	2018年	2019年
全国	15 834.05	17 859.74
东部	14 432.72	18 209.13
中部	22 312.10	23 342.21
西部	12 685.44	15 167.01
东北	12 457.90	11 908.91

与2018年相比，2019年全国地方政府投入水平增加，由于新通过验收的第7批园区，目前正处于快速建设期，资金缺口较大，仍然需要地方财政给予有力支撑。具体来看，如图2-6所示，2019年全国园区平均地方政府投入增加2025.69万元，上涨

12.79%。其中,东部园区平均地方政府投入增加3776.41万元,上涨26.17%,增幅最大;西部园区增加2481.57万元,上涨19.56%;中部园区增加1030.11万元,相比2018年,略有增加,上涨幅度为4.62%;东北园区减少548.99万元,略有下降,下降幅度为4.41%。

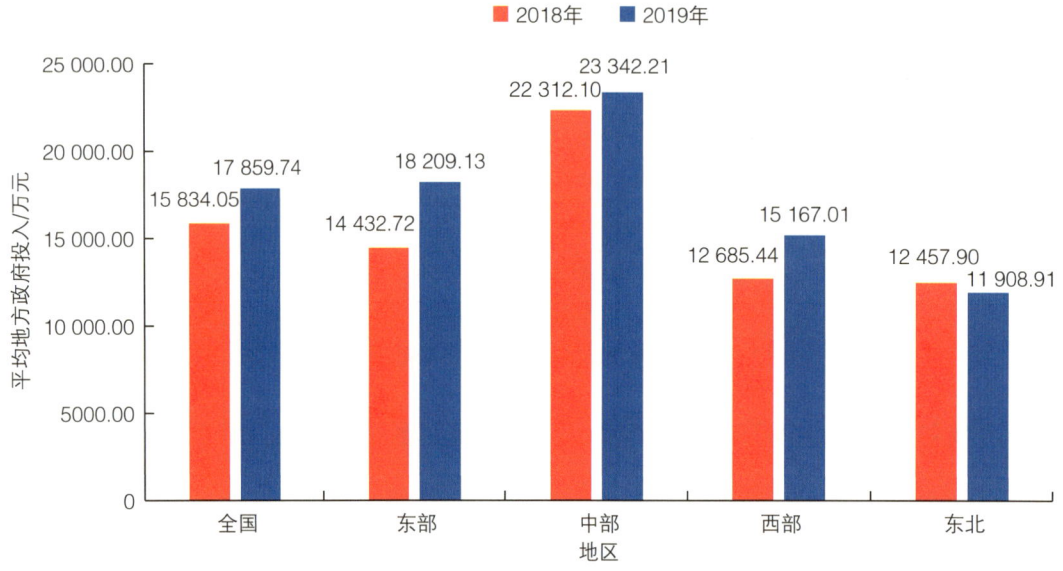

图2-6 2018年和2019年各区域园区平均地方政府投入情况

2.园区当年建设总投入增加,东北园区总投入最多但降幅最大,其他地区园区总投入均增加

园区的建成加速了现代农业科技要素的集聚,促进了科技与金融的紧密结合。各地园区积极探索按照市场机制、企业化运行和产业化目标的建设模式,利用企业自有资金、政府补贴、金融融资等多渠道、多元化资金支持农业科技园区建设,通过国家科技政策引导和商业银行金融支持相结合,促进园区建设和发展。2019年232个园区的建设总投入达到2753.07亿元,平均每个园区建设总投入为11.87亿元,其中济宁、辉山、荆州、涿州和六盘水园区建设总投入排名居全国前5位。2019年建设总投入排名居前20位的园区如图2-7所示。

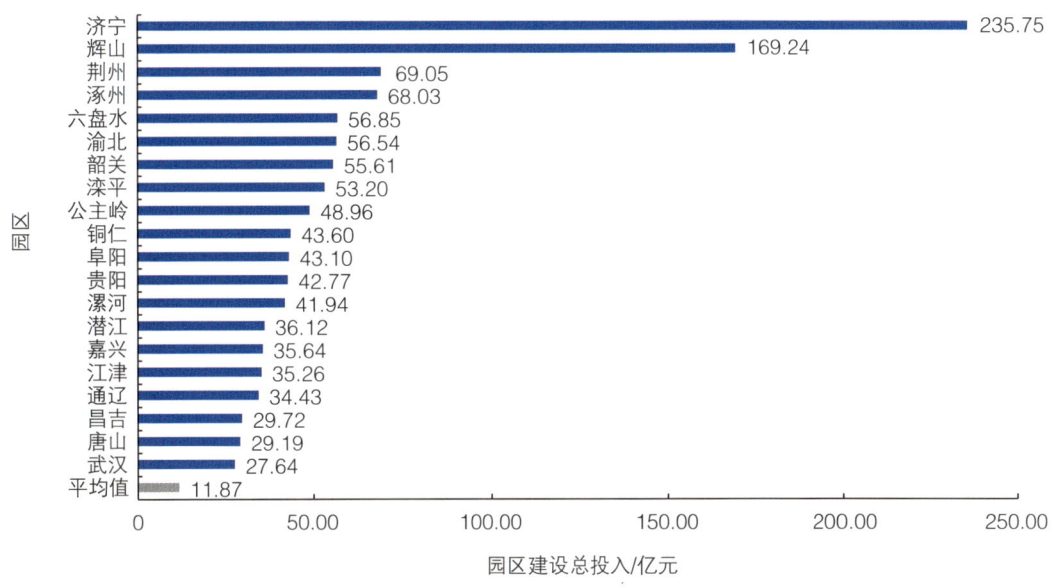

图2-7 2019年建设总投入排名居前20位的园区

区域对比方面，2019年东北园区平均建设总投入金额最高，达到20.23亿元，远高于全国平均水平；东部园区和中部园区平均建设总投入分别为13.73亿元和12.57亿元，略高于全国平均水平；西部园区平均建设总投入为8.38亿元，远低于全国平均水平（表2-4）。

表2-4 2018年和2019年各区域园区平均建设总投入情况

单位：亿元

地区	2018年	2019年
全国	11.53	11.87
东部	13.13	13.73
中部	11.98	12.57
西部	7.08	8.38
东北	22.26	20.23

与2018年相比，2019年全国园区平均建设总投入略有增长，东部、中部和西部园区平均建设总投入有所增长，东北园区平均建设总投入有所下降。具体来看，如图2-8所示，2019年全国园区平均建设总投入增加0.34亿元，增幅为2.95%；西部园区平均建设总投入增加1.30亿元，增长18.36%，增幅最大；东部园区和中部园区分别增

加0.60亿元和0.59亿元,增长4.57%和4.92%,高于平均水平;东北园区减少2.03亿元,下降9.12%。

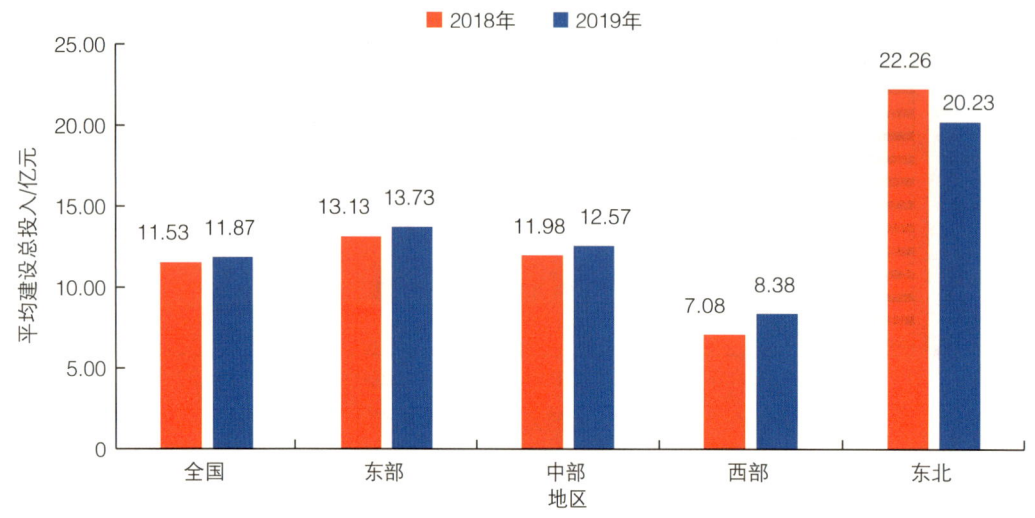

图2-8 2018年和2019年各区域园区平均建设总投入情况

三、园区建设发展规模状况

本报告采用园区内核心区已建成面积和园区入驻企业总数两个指标分析园区的建设发展规模状况,并对比2018年和2019年的园区数据,对东部、中部、西部和东北地区的园区进行综合分析。

1.园区内核心区已建成面积有所减少,东北园区的规模优势较为明显,西部园区的核心区建设进程较快

核心区是农业科技园区研发、中试、管理和服务的聚焦区,核心区的建设遵循科技创新和创新引领的原则,通过对高质量创新资源和技术成果的引入集聚和协调配置,形成大量专利和新产品等创新产出,同时将这些创新成果进行市场转化和示范推广,以带动周边示范区和辐射区的农业发展和转型升级。2019年232个园区建成的核心区总面积达到83.22万公顷,平均每个园区内核心区已建成面积为3586.88公顷。其中,通化、淮安、丰都、珠海和延边的核心区已建成面积排名居全国前5位。2019年核心区已建成面积排名居前20位的园区如图2-9所示。

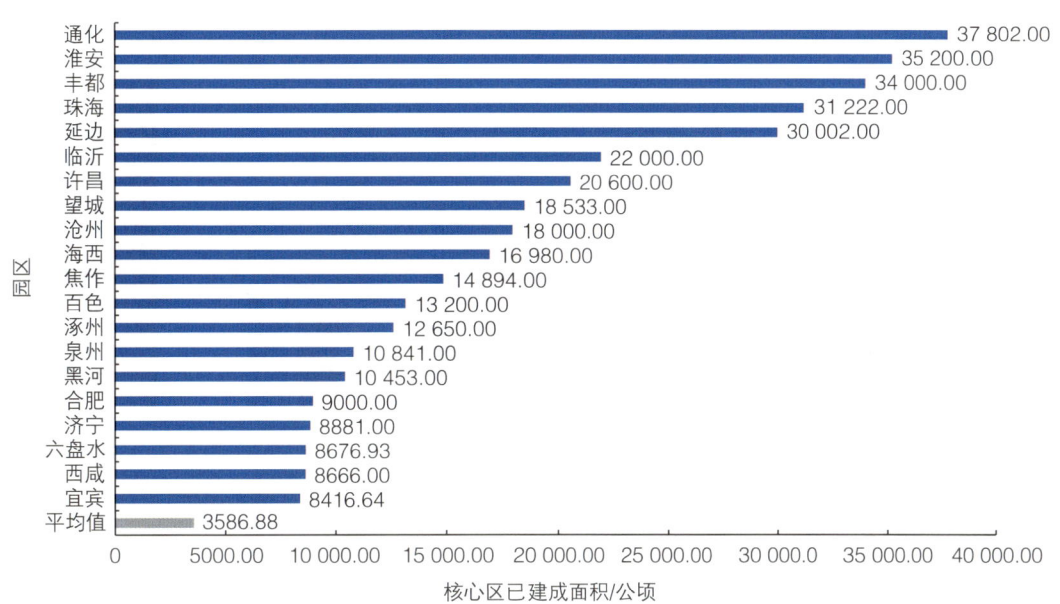

图2-9 2019年核心区已建成面积排名居前20位的园区

区域对比方面，东北园区的平均核心区已建成面积最大，达到6976.08公顷，明显高于其他3个地区，东北园区的规模优势极为明显；中部园区的平均核心区已建成面积居于第2位；东部和西部园区的平均核心区已建成面积则相对较小，低于全国平均水平。具体如表2-5所示。

表2-5 2018年和2019年各区域园区内平均核心区已建成面积情况

单位：公顷

地区	2018年	2019年
全国	3736.83	3586.88
东部	3800.13	3562.48
中部	3903.65	3678.51
西部	2466.70	2932.31
东北	8054.37	6976.08

与2018年相比，2019年参与评价的232个园区的平均核心区已建成面积下降，降幅约为4.01%。其中，2019年西部园区的平均核心区已建成面积的增幅最大，约为18.88%，东部、中部和东北园区平均核心区已建成面积均减少，降幅分别为6.25%、5.77%、13.39%。具体如图2-10所示。

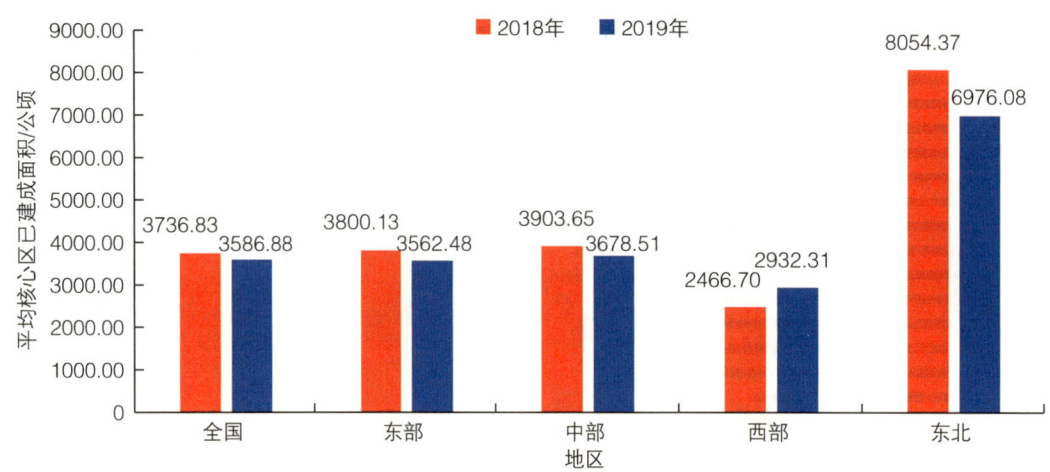

图2-10　2018年和2019年各区域园区内平均核心区已建成面积情况

2.园区入驻企业总数略有下降，东部园区的企业密度最高，西部园区入驻企业数增长明显

企业是农业科技园区创新体系的基本微观单元，也是园区主导特色产业形成的根本，通过对创新型企业的引入和集聚能够形成园区创新产业集群，发挥园区的集聚性优势，实现园区的高质量发展。2019年全国232个园区的入驻企业总数为32 347家，平均入驻企业数量为139.43家。其中，南通、昌吉、漯河、永川和淮安的入驻企业数量排名居全国前5位。2019年入驻企业数量排名居前20位的园区如图2-11所示。

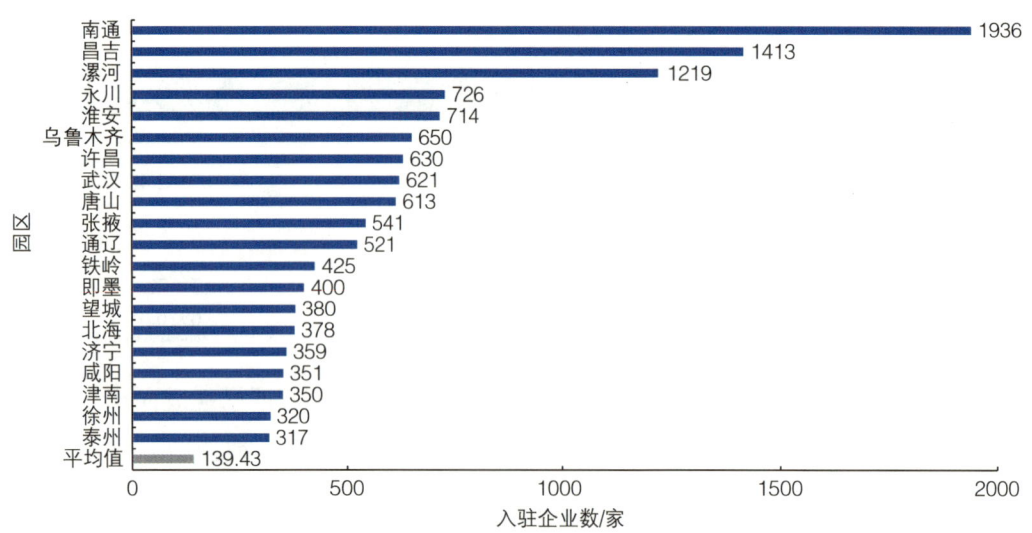

图2-11　2019年入驻企业数量排名居前20位的园区

区域对比方面，东部园区平均入驻企业数量最多，达到151.36家，园区产业吸引力领先全国，招商环境具有一定的优势；东北园区和中部园区分别位居第二、第三，两者的入驻企业总数均超过了全国平均水平（表2-6）。东部园区在核心区面积有限的情况下，入驻企业数量优势明显，说明其具有较高的企业密度，而西部园区的入驻企业总数则相对落后。

表2-6 2018年和2019年各区域园区平均入驻企业数量情况

单位：家

地区	2018年	2019年
全国	142.03	139.43
东部	182.52	151.36
中部	131.70	140.05
西部	110.37	128.97
东北	158.69	141.06

与2018年相比，2019年参与评价的232个园区的平均入驻企业数量基本持平。其中，东部园区的入驻企业数量最多，但出现了一定程度的下降，主要是评价样本中新增园区处于发展的起步阶段，园区企业吸引力较低。值得注意的是西部园区虽然也实现了企业数量的大幅增长，但是企业总数仍然较少，产业基础相对薄弱，未来需要加大企业的引入力度，打造更具竞争力的产业链群。具体如图2-12所示。

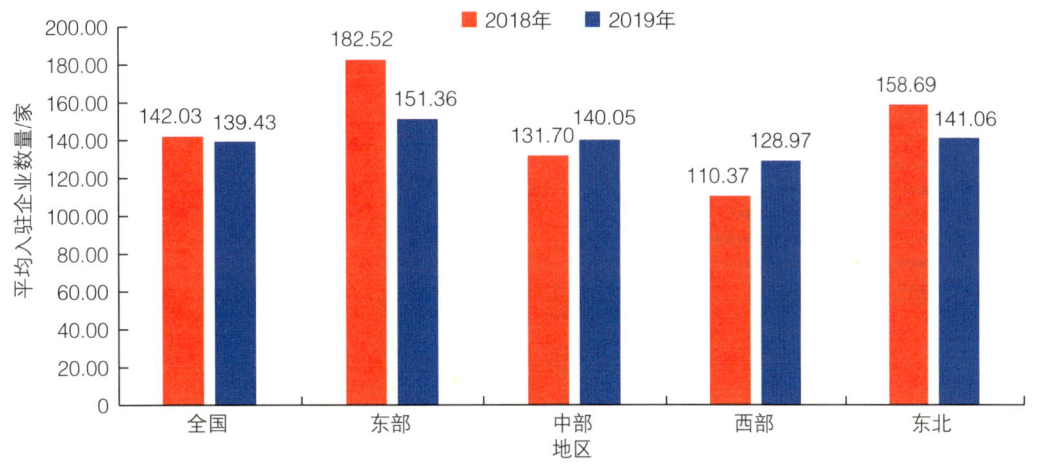

图2-12 2018年和2019年各区域园区平均入驻企业数量情况

四、园区创新核心要素投入状况

本报告主要通过园区当年信息化投入总额和园区内大型仪器设备原值总额指标分析园区创新核心要素投入状况,并对比2018年和2019年的园区数据,对东部、中部、西部和东北地区的园区进行综合分析。

1.园区当年信息化投入总额总体增加,中部园区投入最多,西部和东部园区投入相当

信息化建设能够有效推动区域创新能力的提升,一方面,通过信息化投入建设信息共享与分析平台,能够降低协调成本,提高沟通效率,增强园区创新主体的交流与合作,加强园区的协同创新和集成创新能力;另一方面,园区较好的信息化基础建设能够为企业的信息化建设提供良好的支撑,进而提升企业的自主创新能力。2019年232个园区信息化建设共投入75 353.36万元,平均每个园区的投入为324.80万元。其中,辉山、昌吉、阿拉尔、池州和湄潭的信息化投入总额排名居全国前5位。2019年信息化投入总额排名居前20位的园区如图2-13所示。

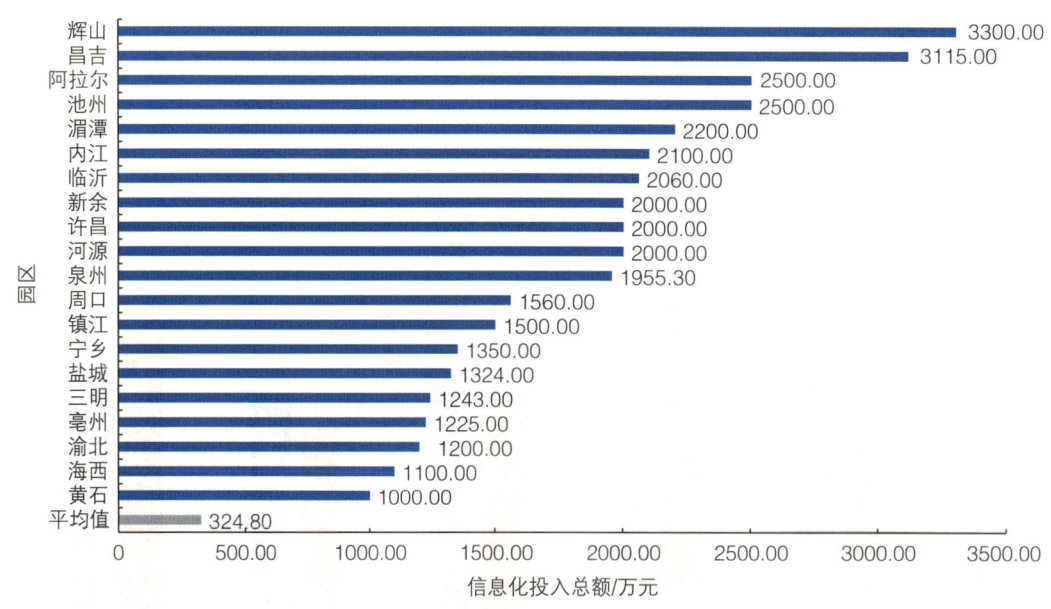

图2-13 2019年信息化投入总额排名居前20位的园区

区域对比方面,2019年232个园区中,中部园区的平均信息化投入总额达到

356.42万元,远高于全国平均水平;西部园区和东部园区平均信息化投入总额分别为320.43万元和320.04万元,两个地区基本持平且均略低于全国平均水平,东北园区平均信息化投入总额最低,为259.57万元,具体如表2-7所示。

表2-7 2018年和2019年各区域园区平均信息化投入总额情况

单位:万元

地区	2018年	2019年
全国	303.16	324.80
东部	272.76	320.04
中部	331.12	356.42
西部	311.28	320.43
东北	287.93	259.57

与2018年相比,2019年232个园区的平均信息化投入总额有明显增长,增幅超过7.14%。东部、中部和西部园区加大了信息化的投资力度,投入金额有明显增长。尤其是东部园区,增幅最大,达到17.33%。而东北园区2019年的平均信息化投入总额略有下降,具体如图2-14所示。

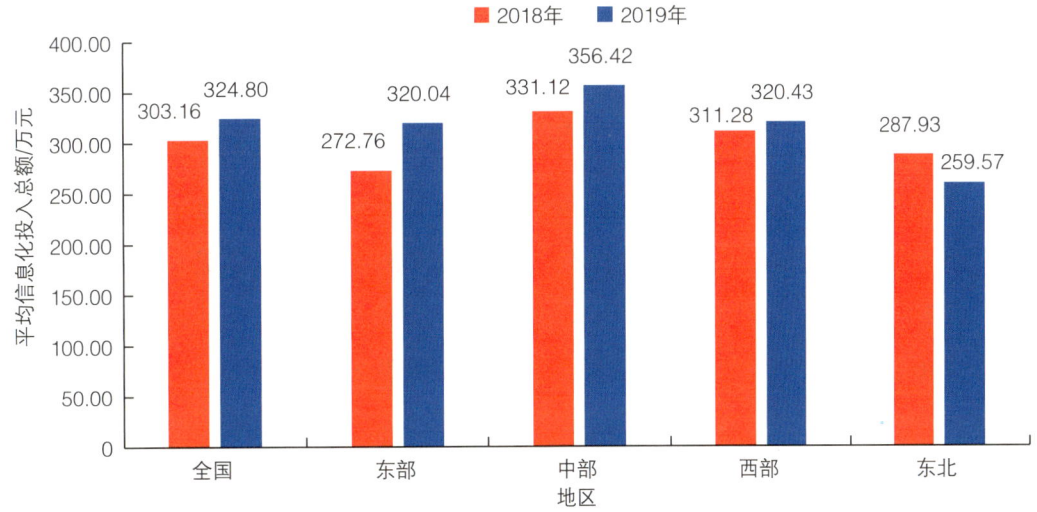

图2-14 2018年和2019年各区域园区平均信息化投入总额情况

2.园区内大型仪器设备原值总额总体有所下降，东北园区总额平均值最大，东部园区降幅最大

大型仪器设备是开展科研创新的必要基础和支撑，在科技创新方面有着标志性的意义，因此，在园区评价中往往把大型仪器设备原值总额作为评价园区企业在创新投入方面的重要基础性指标。2019年232个园区大型仪器设备原值总额为276.92亿元，平均每个园区为1.19亿元。其中，通化、湛江、武汉、黔东南和济宁园区排名居全国前5位。2019年大型仪器设备原值总额排名居前20位的园区如图2-15所示。

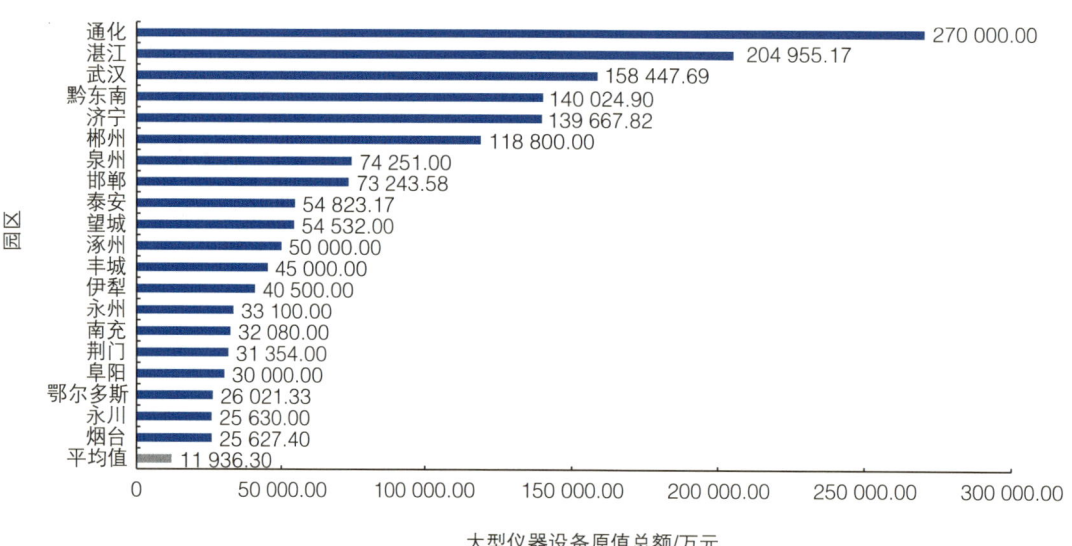

图2-15　2019年大型仪器设备原值总额排名居前20位的园区

区域对比方面，2019年232个园区中，东北园区大型仪器设备原值总额平均值最大，达到2.18亿元，远超全国平均水平；东部园区和中部园区紧随其后，大型仪器设备原值总额平均值分别为1.48亿元和1.24亿元，高于全国平均水平；西部园区大型仪器设备原值总额平均值较低，为0.75亿元。具体如表2-8所示。

表2-8　2018年和2019年各区域园区大型仪器设备原值总额平均值情况

单位：万元

地区	2018年	2019年
全国	12 616.67	11 936.30

续表

地区	2018年	2019年
东部	16 257.57	14 808.15
中部	11 549.03	12 368.13
西部	7501.23	7523.80
东北	23 644.59	21 770.39

与2018年相比，2019年232个园区的大型仪器设备原值总额平均值同比减少了680.37万元，略有下降，降幅为5.39%。其中，中部园区增加819.10万元，增幅达到7.09%，增幅最大；西部园区同比增加22.57万元，增幅为0.30%；东部园区同比减少1449.42万元，降幅为8.92%；东北园区同比减少1874.20万元，降幅达到7.93%（图2-16）。由于评价样本中新增第七批园区企业的聚集能力还相对有限，造成在创新性资产方面的投入相对不高，积累不足，致使园区大型仪器设备原值总额平均值同比下降。

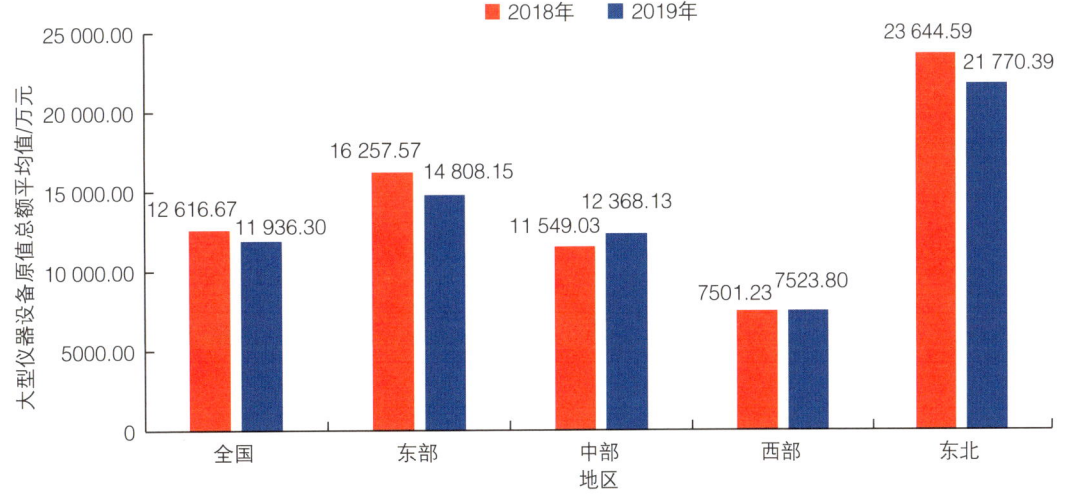

图2-16　2018年和2019年各区域园区大型仪器设备原值总额平均值情况

五、小结

创新资源投入是创新能力形成和创新成果产出的基础，同时对于资源的使用和配置水平，又是园区创新能力的重要体现。本章结合园区内企业R&D经费投入强度、园区内企业R&D人员数、园区当年地方政府投入、园区当年建设总投入、园区内核心区已建成面积、园区内入驻企业数、园区当年信息化投入总额和园区内大型仪器设备原值总额等方面的指标对232个园区的创新资源投入状况进行了分析，并得出以下结论。

①园区内企业R&D经费投入强度减弱，西部园区投入强度最高。

②园区内企业R&D人员数总体减少，东部园区R&D人员最多，东北园区增长明显。

③园区当年地方政府投入总体增加，中部园区地方政府投入最多，东部园区地方政府投入明显增多。

④园区当年建设总投入增加，东北园区总投入最多但降幅最大，其他地区园区总投入均增加。

⑤园区内核心区已建成面积有所减少，东北园区的规模优势较为明显，西部园区的核心区建设进程较快。

⑥园区入驻企业数略有下降，东部园区的企业密度最高，西部园区企业数增长明显。

⑦园区当年信息化投入总额总体增加，中部园区投入最多，西部和东部园区投入相当。

⑧园区内大型仪器设备原值总额总体有所下降，东北园区总额平均值最大，东部园区降幅最大。

2018年和2019年园区创新资源投入情况的对比具体如图2-17所示。

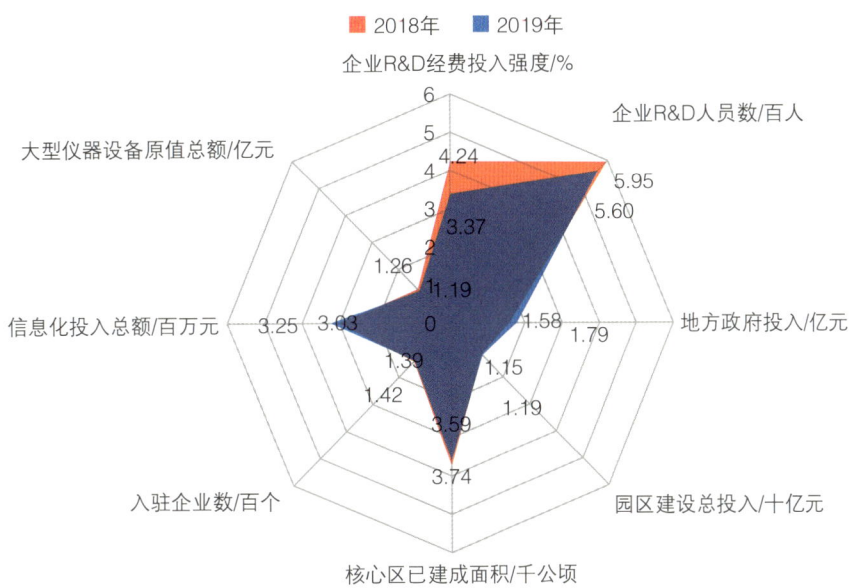

图2-17 2018年和2019年园区创新资源投入情况对比

国家农业科技园区创新能力评价报告2020

第三章

国家农业科技园区创新能力分项评价

——创新驱动支撑评价

园区的创新创业环境是影响园区创新能力的重要外部因素，通过为园区的创新主体提供良好的技术环境、市场环境和金融环境等，对于园区的创新创业活动有着重要的支撑和推动作用。创新主体之间的合作、技术中介和市场中介的服务及金融资本的支持在园区的创新成果形成、转化和推广过程中发挥着重要作用，而创业孵化器为园区的农业创业提供了良好的技术、场地和资金等支持。技术服务环境、市场运作环境、金融支持环境和创业服务环境共同组成了园区的创新驱动支撑要素。本章从创新创业孵化服务状况、自主与合作创新状况、科技与金融服务状况等方面对园区的创新驱动支撑状况进行衡量。

一、园区创新创业孵化服务状况

本报告主要采用园区内科技企业孵化器数指标分析评价园区的创新创业孵化服务情况，并对比2018年和2019年的园区数据，对东部、中部、西部和东北地区的园区进行综合分析。

各园区备案的科技企业孵化器数总体略有增加，东北和东部园区孵化器数明显增长

科技企业孵化器是培育和扶持高新技术中小企业的服务机构，对推动高新技术产业发展、完善国家和区域创新体系、繁荣经济发挥着重要作用。2019年232个园区内备案的科技企业孵化器总数量为835个，平均每个园区拥有科技孵化器数为3.60个。其中，济宁、宜昌、白山、固安和玉溪园区拥有的科技企业孵化器数排名居全国前5

位，济宁园区的领先优势较为明显。2019年备案的科技企业孵化器数排名居前20位的园区如图3-1所示。

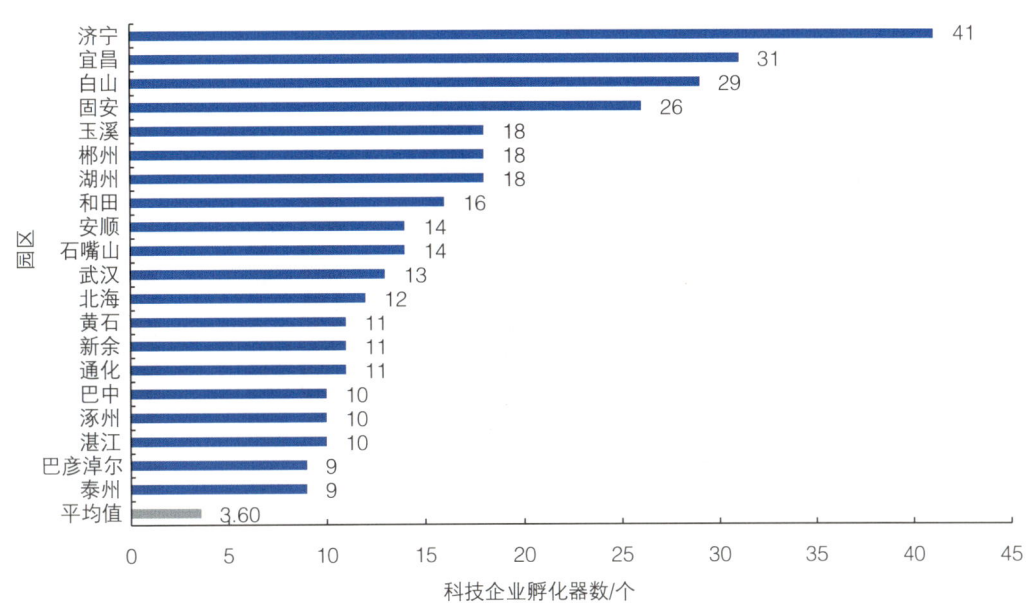

图3-1 2019年备案的科技企业孵化器数排名居前20位的园区

区域对比方面，2019年232个园区中，中部园区平均拥有科技企业孵化器数达到4.34个，领先全国其他区域的园区；而东部、西部和东北园区拥有科技企业孵化器数均未超过4个，其中，西部园区的数量最少，约为2.99个。具体如表3-1所示。

表3-1 2018年和2019年区域园区平均拥有的科技企业孵化器数情况

单位：个

地区	2018年	2019年
全国	3.56	3.60
东部	3.30	3.83
中部	4.33	4.34
西部	3.40	2.99
东北	2.62	3.31

与2018年相比，2019年232个园区的科技企业孵化器数增加了0.04个，增幅为1.12%，说明园区的创新创业孵化活动保持较为活跃的状态。分区域来看，西部园区

的孵化器数量相较2018年略有减少，其他区域园区的孵化器数量均有所增加，其中，东北园区增幅最大，增加了26.34%，具体如图3-2所示。

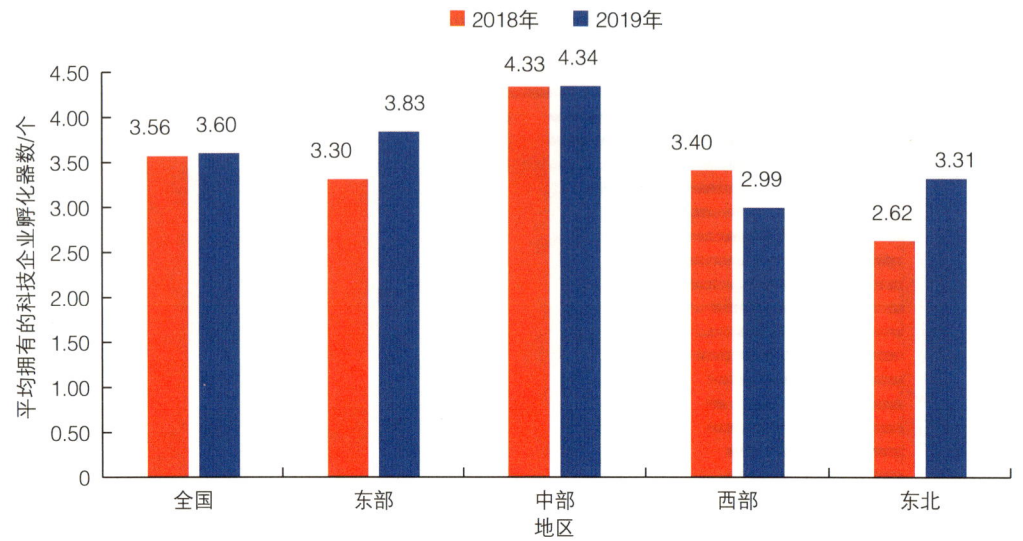

图3-2　2018年和2019年各区域园区平均拥有的科技企业孵化器数情况

二、园区自主与合作创新状况

本报告主要采用园区拥有省部级以上研发机构总数、各类创新创业服务机构数和产学研合作项目数3个指标分析园区的自主与合作创新状况，并对比2018年和2019年的园区数据，以及对东部、中部、西部和东北地区的园区相关状况进行综合分析。

1.园区平均拥有省部级以上研发机构总数总体略有下降，中部园区的研发机构数有所增加

科技研发平台是科技创新活动的重要载体。近年来，园区注重科技创新与转化能力建设，已逐渐建成以企业为主体，国家、省市、地市共建的研发创新平台体系，科技创新条件和创业服务能力大大提升。2019年232个园区拥有省部级以上研发机构总数达到1968个，平均每个园区拥有省部级以上研发机构总数为8.48个。其中，武汉、济宁、泰安、辉山和镇江等园区拥有省部级以上研发机构总数保持领先优势。尤其是武汉园区，

其拥有省级以上研发机构总数达到277个，远领先于其他园区，武汉园区平台优势是其卓越创新能力的重要支撑和来源。2019年拥有省部级以上研发机构总数排名居前20位的园区如图3-3所示。

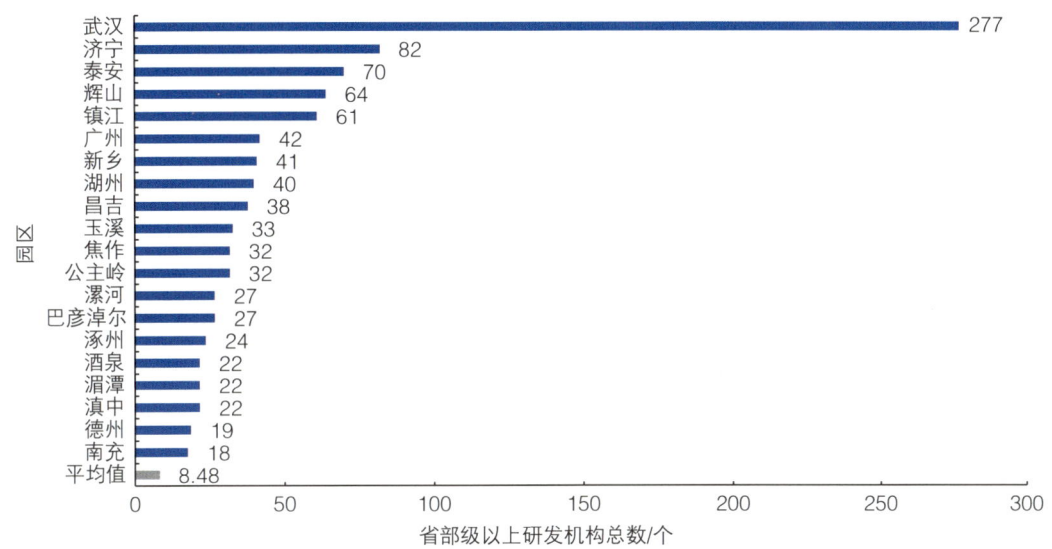

图3-3　2019年拥有省部级以上研发机构总数排名居前20位的园区

区域对比方面，2019年232个园区中，中部园区平均拥有省部级以上研发机构总数最多，达到13.29个，其研究平台建设领先全国；东部园区平均拥有省部级以上研发机构总数位居第二，达到9.04个，超过了全国平均水平，但与中部园区仍存在一定的差距；东北园区平均拥有省部级以上研发机构总数为8.19个，略低于全国平均水平，而西部园区平均拥有省部级以上研发机构总数最少，仅有5.02个，远低于全国平均水平。因此，加强西部园区的研发平台建设和研发机构引入是其提升创新能力的当务之急。具体如表3-2所示。

表3-2　2018年和2019年区域园区平均拥有省部级以上研发机构情况

单位：个

地区	2018年	2019年
全国	9.67	8.48
东部	10.78	9.04
中部	12.31	13.29

续表

地区	2018年	2019年
西部	6.52	5.02
东北	9.85	8.19

2019年各区域园区平均拥有省部级以上研发机构总数相对于2018年减少了1.19个，略有下降。一方面，这是由于第七批园区目前建设的研发平台数量相对较少；另一方面，研发机构的调整很大程度上与园区的主导产业转型升级相关。对比发现，中部园区拥有省部级以上研发机构总数有所增加，增幅约为7.96%。东部园区拥有省部级以上研发机构总数略有下降，东部地区也是农业转型升级的排头兵，其创新资源更多向主导特色产业集中。西部和东北园区拥有省部级以上研发机构总数均出现不同幅度的下降，这与西部和东北园区的第七批新建园区的创新资源集聚能力相对薄弱相关。具体如图3-4所示。

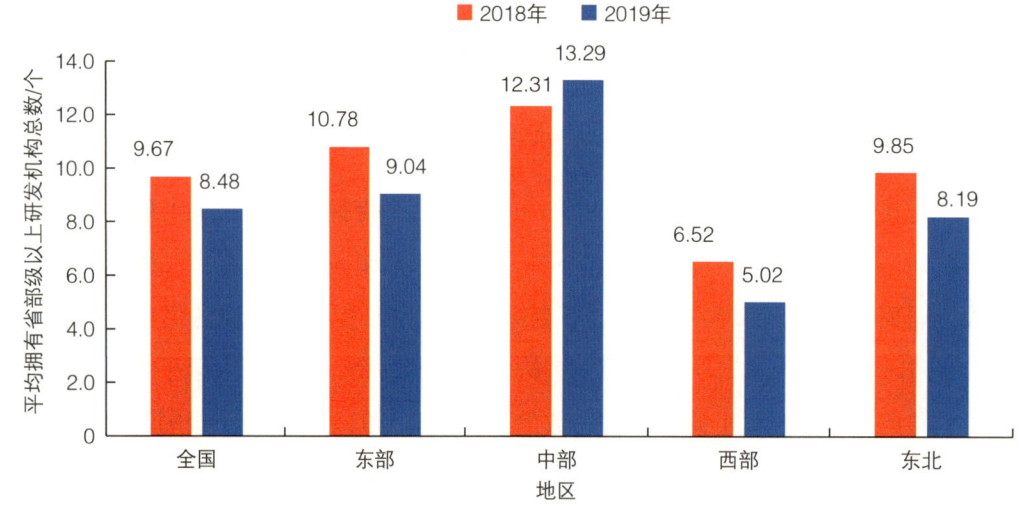

图3-4 2018年和2019年各区域园区平均拥有省部级以上研发机构总数对比

2.园区拥有各类创新创业服务机构数总体变化不大，中部园区的增长态势良好

创新创业服务机构的设立能够为园区的创新研发与转化及农业科技创业提供全方位、高品质、低成本的专业性创新创业指导及支持，是为园区创新创业活动创造良好发展环境的重要载体。2019年全国232个园区拥有的各类创新创业服务机构总数达到1921个，平均每个园区拥有的各类创新创业服务机构数为8.28个。其中，济宁、玉

溪、红河、周口和昌吉园区拥有的各类创新创业服务机构数排名居全国前5位。尤其是济宁园区，其创新创业服务机构数达到126个，是全国唯一超过100个机构的园区，全方位的创新创业服务有效助力了园区的创新能力提升，让济宁园区长期在一流园区中占有一席之地。2019年拥有各类创新创业服务机构数排名居前20位的园区如图3-5所示。

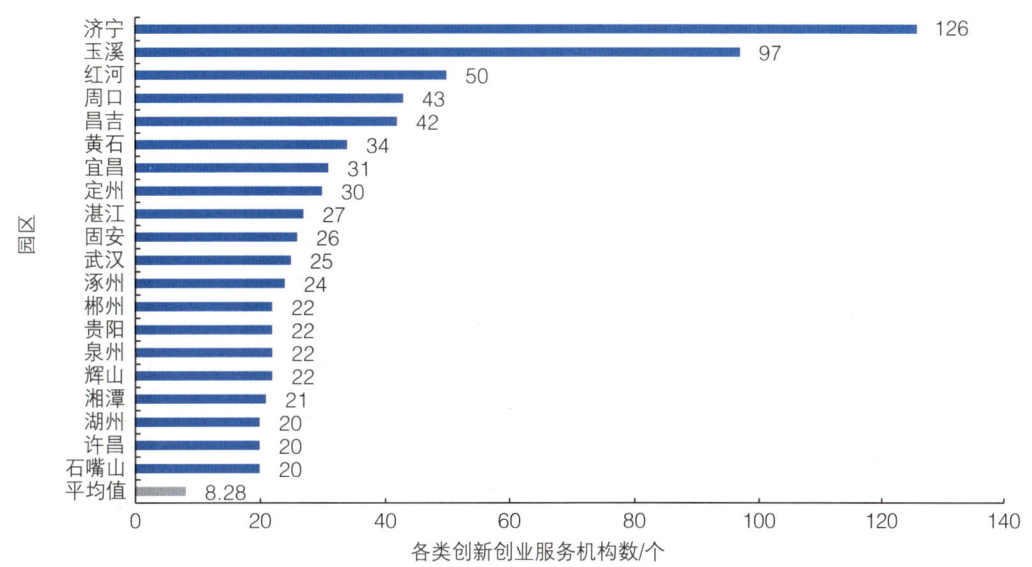

图3-5　2019年拥有各类创新创业服务机构数排名居前20位的园区

区域对比方面，2019年232个园区中，中部园区平均拥有创新创业服务机构数最多，达到8.55个，东部园区次之，与中部园区相差不大，东部和中部园区总体上为园区的创新创业活动提供了较好的服务体系。而东北园区平均拥有创新创业机构数仅有6.69个，与全国平均水平存在一定差距。具体如表3-3所示。

表3-3　2018年和2019年区域园区平均拥有创新创业服务机构情况

单位：个

地区	2018年	2019年
全国	8.36	8.28
东部	8.61	8.50
中部	7.14	8.55
西部	9.37	8.20
东北	7.38	6.69

与2018年相比，在第七批新建园区创新创业机构相对较少的情况下，2019年各区域园区平均拥有创新创业服务机构数基本与上一年度持平，降幅仅为0.96%。其中，中部区域呈现上升趋势，东部、西部、东北园区均有不同程度的下降。尤其是西部园区，其创新创业服务机构减少了1.17个，降幅最大，约为12.49%。具体如图3-6所示。

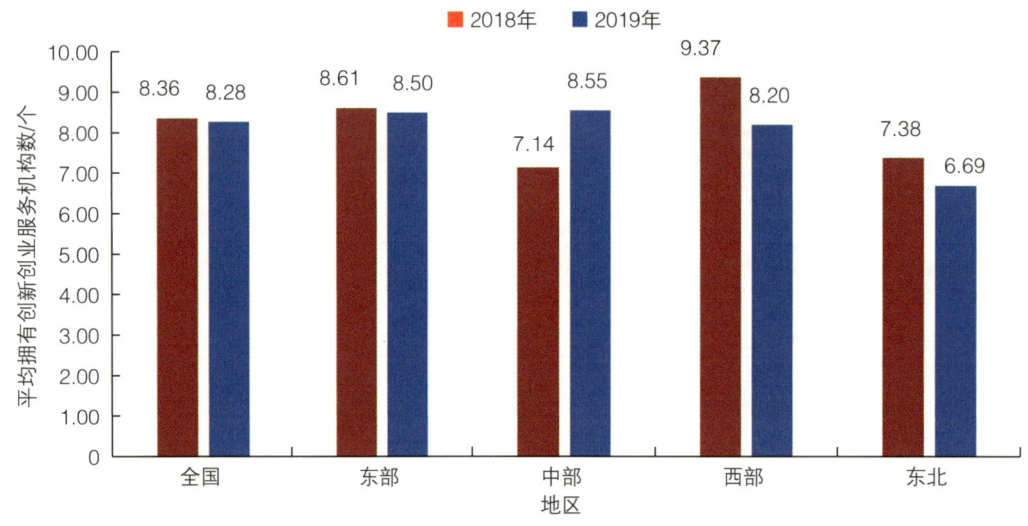

图3-6　2018年和2019年各区域园区平均拥有创新创业服务机构情况

3.园区产学研合作项目数量总体有所减少，西部和东北园区的合作创新活跃度有待提升

产学研合作通过企业、学校、科研机构等相互配合，发挥各自优势，形成强大的研究、开发、生产一体化的先进系统并在运行过程中体现出综合优势。园区加强产学研合作可以促进创新资源优势的协同与集成化，实现创新过程上、中、下游的对接与耦合，从而提升园区的创新过程效率和创新成果产出。2019年232个园区开展产学研项目合作的总数达到7733个，平均每个园区开展的产学研合作项目数为33.33个。其中，武汉、广州、儋州、湛江和泰安的产学研合作项目数排名居全国前5位，尤其是武汉、广州两个园区的产学研合作活动非常活跃。2019年开展产学研合作项目数排名居前20位的园区如图3-7所示。

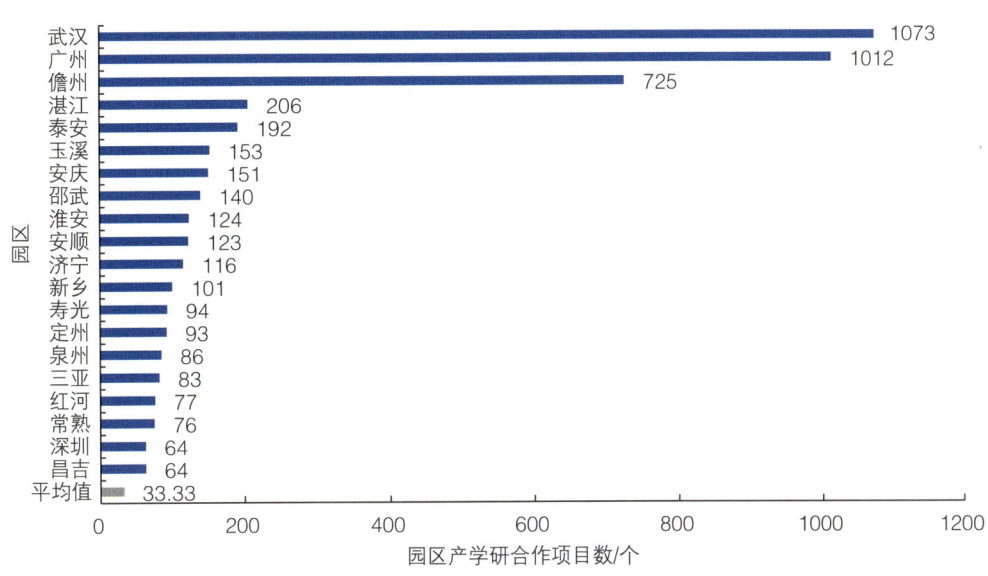

图3-7 2019年开展产学研合作项目数排名居前20位的园区

区域对比方面，2019年232个园区中，东部园区平均产学研合作项目数最高，达到51.75个，依旧保持了很高的产学研活跃度，并且远高于全国平均水平，中部园区次之。而西部和东北园区平均产学研合作项目数与东部和中部差距较大，尤其是东北园区，其平均产学研合作项目数仅有7.81个。不足东部地区的1/6，下一步需要拓展园区的创新网络，加强与高校和科研院所的创新合作，具体如表3-4所示。

表3-4 2018年和2019年区域园区平均产学研合作项目情况

单位：个

地区	2018年	2019年
全国	38.69	33.33
东部	49.43	51.75
中部	53.86	40.86
西部	23.49	18.10
东北	12.46	7.81

与2018年相比，2019年各区域园区平均产学研合作项目数总体呈现下降趋势。其中，东部园区是产学研项目中唯一有所增加的区域，中部、西部和东北园区平均产学研合作项目数均有不同程度的下降，而且东北园区的降幅最大。东北园区在上一年度

项目数不多的情况下，本年度仍有明显减少，需要通过成果转让、技术开发、人才培养、共建实体和战略联盟等多种模式，重点推进园区的产学研合作工作，通过一体化的集成创新提升园区创新产出和创新绩效，具体如图3-8所示。

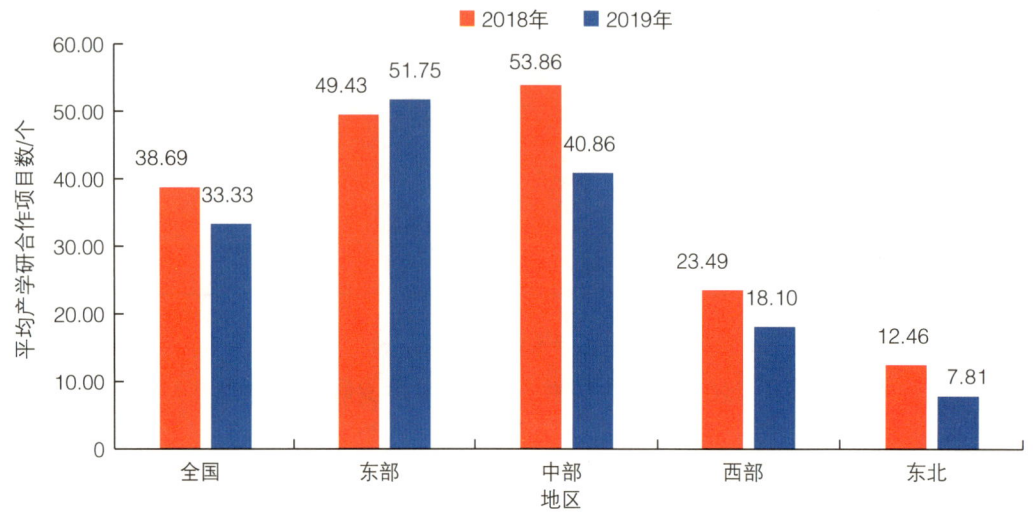

图3-8　2018年和2019年各区域园区平均产学研合作项目数对比

三、园区创新的科技与金融服务状况

本报告通过对当年引进个人特派员数和当年金融机构贷款总额两个指标的分析，对园区创新的科技与金融服务状况进行评价。并对比2018年和2019年园区数据，以及对东部、中部、西部和东北地区的园区相关状况进行综合分析。

1.各园区引进个人特派员数总体增加，其中东北园区增幅最大

国务院办公厅印发的《关于深入推行科技特派员制度的若干意见》中赋予了科技特派员3项重要任务：一是切实提升农业科技创新支撑水平；二是完善新型农业社会化科技服务体系；三是加快推动农村科技创业和精准扶贫。近年来，各地大力推进科技特派员科技创业行动，大批科技特派员（团）到园区领办、创办各类科技型产业或者科技服务组织，并组织开展了各类科技创业项目，园区成为科技特派员科技创业和服务的基地。科技特派员已逐渐成为国家农业科技园区的主力军和生力军，在科技成果转化中发挥着重要作用，显著提升了园区的农业科技创业能力和水平。2019年232

个园区引进个人科技特派员数达到21 770人，平均每个园区引进个人科技特派员数达到93.84人。其中，酒泉、济宁、密云、定州和吕梁排名居全国前5位，并且济宁、酒泉依然保持领先位置，个人科技特派员数均超过了700人。2019年引进个人科技特派员数排名居前20位的园区如图3-9所示。

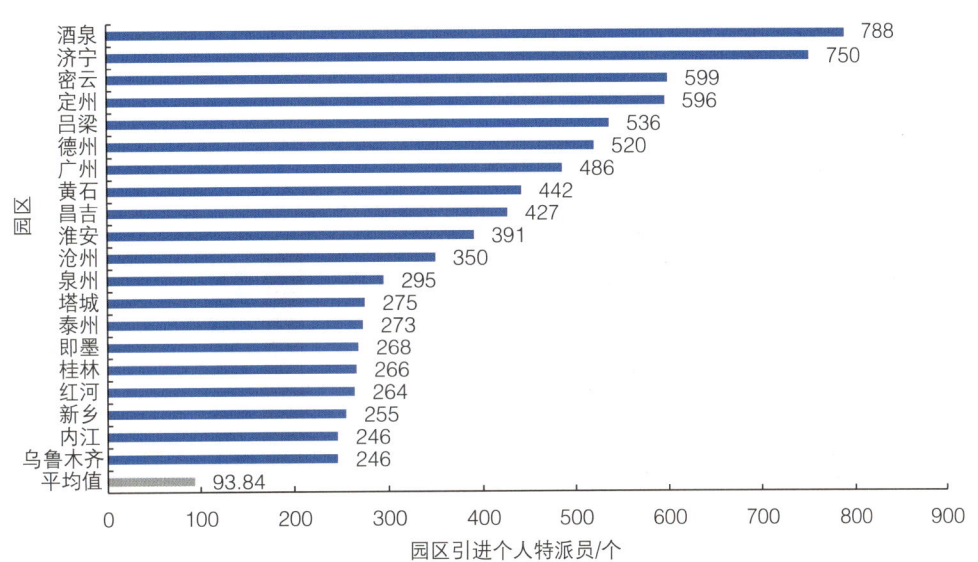

图3-9　2019年引进个人科技特派员数排名居前20位的园区

区域对比方面，2019年东部园区的平均引进个人科技特派员数最多，达到119.76人，平均人数超过百人；西部园区次之，达到了92.36人。而中部和东北园区平均引进个人科技特派员人数远低于全国平均水平，尤其是东北园区，个人科技特派员人数仅有37.00人，不及东部园区的1/3（表3-5）。

表3-5　2018年和2019年区域园区平均引进个人科技特派员情况

单位：人

地区	2018年	2019年
全国	88.12	93.84
东部	115.46	119.76
中部	63.95	79.07
西部	100.02	92.36
东北	21.83	37.00

与2018年相比，2019年各园区平均引进个人科技特派员数总体小幅增长。其中，东部、中部和东北园区均呈现不同程度上升，分别增长了约3.72%、23.64%和69.49%（图3-10）。西部园区则呈现出下降的趋势。西部园区由于上一年度的科技特派员数量已经明显领先全国，而科技特派员的工作模式具有多种形式，因此，出现一定幅度的人员变动属于正常现象。

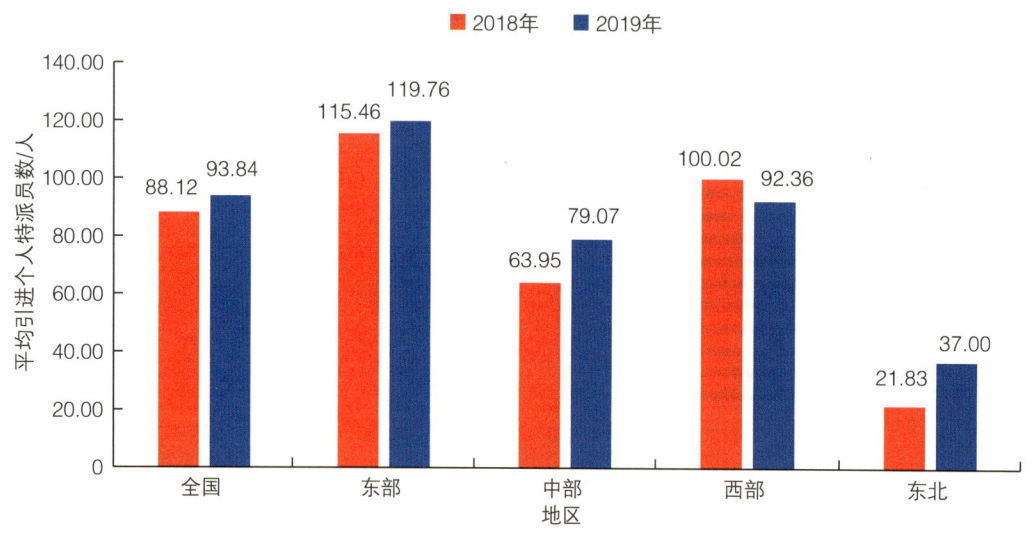

图3-10　2018年和2019年各区域园区平均引进个人科技特派员情况

2.各园区金融机构贷款总额总体下降，其中东部园区领先全国，东北园区有所增加

农业科技创新具有不可控因素多、回报周期长、不确定性大的特点，因此，需要大量的资金投入才能为农业的创新发展提供保障。目前，仅仅依靠财政资金投入推动园区的创新发展是远远不够的，需要积极引入各类金融机构，采用多种形式为园区的农业科技创新研究和应用转化提供资金支持。2019年232个园区的金融机构贷款总额达到598.24亿元，平均每个园区的金融机构贷款总额为2.58亿元。其中，韶关、邯郸、涿州、合肥和湛江园区的金融机构贷款总额排名居全国前5位，2019年金融机构贷款总额排名居前20位的园区如图3-11所示。

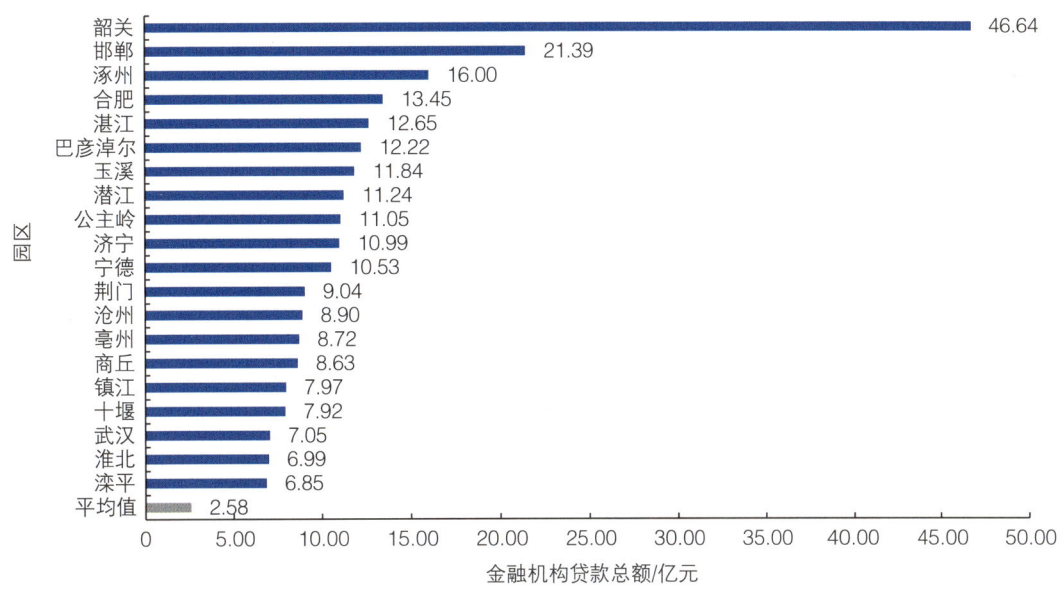

图3-11 2019年金融机构贷款总额排名居前20位的园区

区域对比方面，2019年东部园区的金融机构平均贷款总额为35 671.17万元，其金融支撑的力度领先全国其他园区，超过全国平均水平；中部园区与全国平均水平基本持平；而西部和东北园区的金融机构平均贷款总额均低于全国平均水平。其中，西部园区的金融机构平均贷款总额仅有18 344.55万元（表3-5）。

表3-5 2018年和2019年区域园区金融机构平均贷款总额情况

单位：万元

地区	2018年	2019年
全国	31 622.08	25 786.40
东部	43 887.72	35 671.17
中部	30 456.62	25 972.17
西部	24 432.09	18 344.55
东北	20 745.85	21 584.93

与2018年相比，2019年各区域园区金融机构平均贷款总额总体呈现下降趋势。其中，东北园区呈现出增长趋势，其金融机构平均贷款总额增加了839.08万元，增幅超过4.04%，而东部、中部和西部园区的金融机构平均贷款总额呈现减少趋势，尤其是西部园区，其降幅约为24.92%（图3-12）。金融支撑是服务科技创新的重要力量，

对于科技创新有着重要的积极影响，因此，西部园区未来需要采取多种途径加大园区创新的金融支持力度。

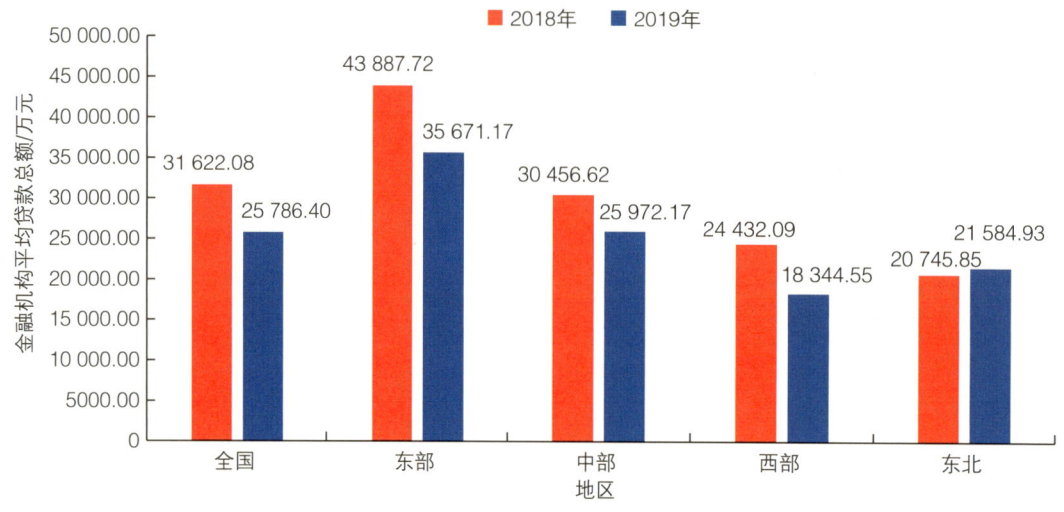

图3-12 2018年和2019年各区域园区金融机构平均贷款总额情况

四、小结

园区的创新驱动支撑是园区创新环境中的关键因素，这些因素影响着园区的创新过程和创新效率，是园区能够持续创新的重要保证。本章结合创新创业孵化服务状况、自主与合作创新状况、科技与金融服务状况等方面的指标对232个园区的创新驱动支撑进行了核算，并得出如下结论。

①各园区备案的科技企业孵化器数全国平均呈现上升趋势，其中，东部、中部、东北园区均呈现不同程度的上升，西部园区呈现下降趋势。

②园区拥有省部级以上研发机构总数全国平均呈下降趋势。其中，东部、西部、东北园区均呈现较大程度的下降，中部园区呈现上升趋势。

③园区内各区域创新创业服务机构数全国平均呈现下降趋势。其中，东部、西部、东北园区均有不同程度的下降，中部园区有较大幅度的增加。

④园区开展产学研合作项目数量全国平均呈现下降趋势。其中，中部、西部、东北区域均呈现不同程度下降，且西部和东北园区的合作创新活跃度仍有待提升，东部区域呈现上升趋势。

⑤园区引进个人科技特派员数全国平均呈现上升趋势。其中，东部、中部、东北园区均呈现不同程度上升，西部园区呈现下降趋势。

⑥金融机构贷款总额全国平均呈现下降趋势，东部、中部、西部园区有所下降，西部园区下降幅度较大，东北园区有所上升。

2018年和2019年园区创新驱动支撑情况的对比，具体如图3-13所示。

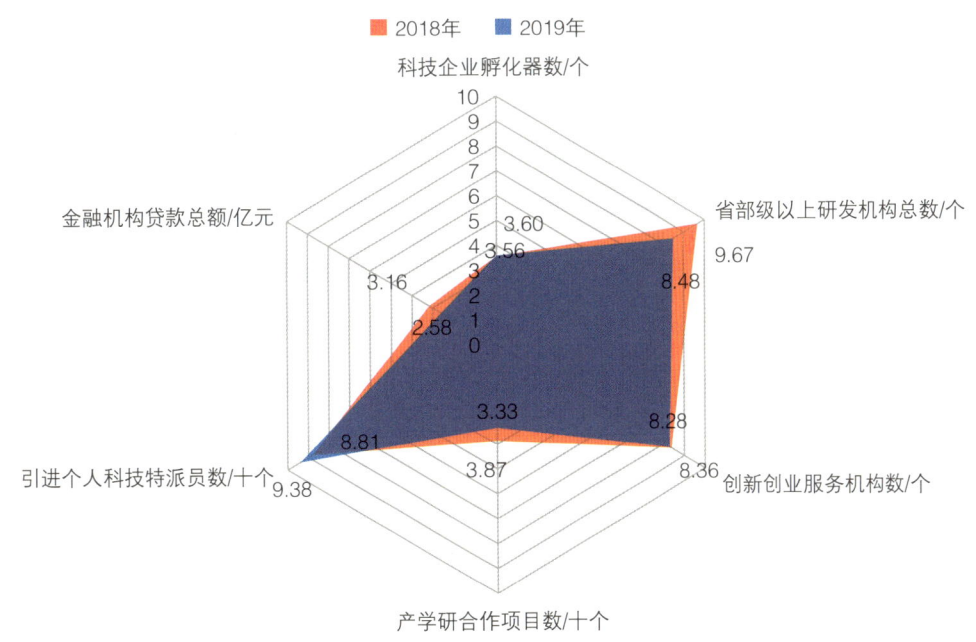

图3-13　2018年和2019年园区创新驱动支撑情况对比

国家农业科技园区创新能力评价报告2020

第四章 国家农业科技园区创新能力分项评价

——创新成果产出评价

创新成果产出是国家农业科技园区创新能力的科技原动力与外在表现，反映了园区的自主创新水平，是物化成果的体现，也是创新资源转换过程的直接产出。评价报告的创新成果产出评价主要涉及3个方面：园区自主创新能力状况、园区品种及品牌认定状况、园区企业培育和升级情况。在评价中具体使用5个指标来反映园区3个方面的创新发展状况，分别是授权发明专利数、通过审定的新品种数、"三品一标"数、园区在孵企业数、当年园区新认定的高新技术企业数。

一、园区自主创新能力状况

本报告采用授权发明专利数作为衡量园区自主创新能力的主要指标。并对比2018年和2019年的园区数据，以及对东部、中部、西部和东北地区的园区相关状况进行综合分析。

园区的平均授权发明专利由"重量"向"重质"转变，中部园区的平均授权发明专利数最多

园区授权发明专利数在一定程度上反映了科研活动的积极性和活跃程度，可作为评价园区自主创新能力的一个重要参考性指标。2019年全国232个园区授权发明专利总数为2968件，平均每个园区的授权发明专利数为12.79件。其中，武汉、辉山、即墨、周口和广州园区的发明专利授权数排名居全国前5位。尤其是武汉和辉山两个园区，其授权发明专利的数量均超过了200个，明显领先其他园区。2019年授权发明专利数排名居前20位的园区如图4-1所示。

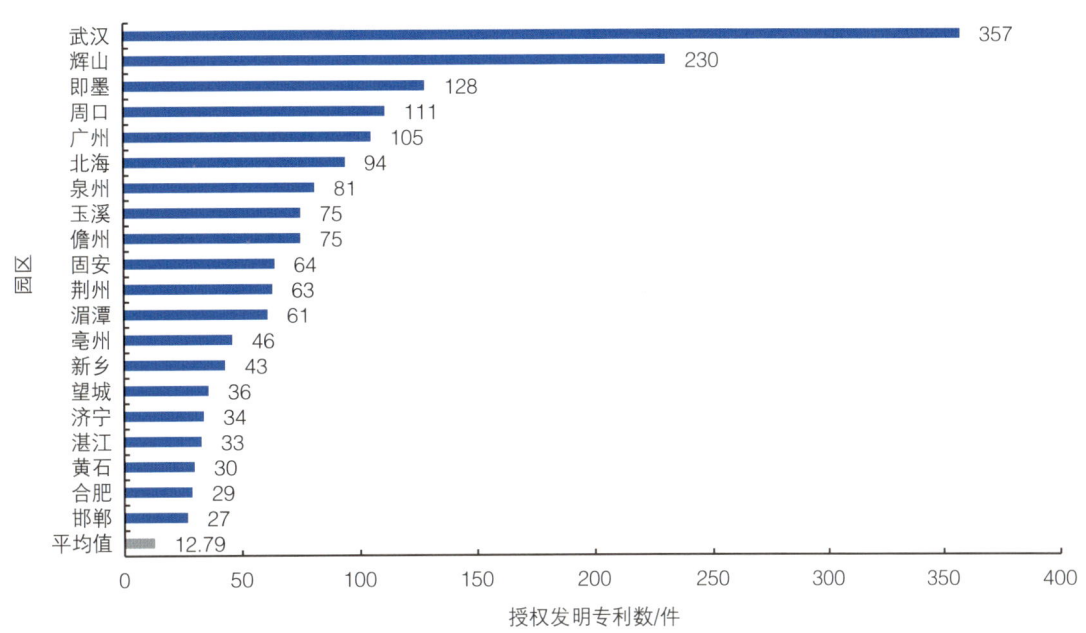

图4-1 2019年授权发明专利数排名居前20位的园区

区域对比方面，2019年中部园区平均授权发明专利数最多，为19.66件，相对全国其领先优势极为明显，东北园区次之。而东部和西部园区平均授权发明专利数较少，分别为11.65件和8.81件，约为中部园区的1/2，区域差距显著，具体如表4-1所示。

表4-1 2018年和2019年各区域园区平均授权发明专利情况

单位：件

地区	2018年	2019年
全国	16.20	12.79
东部	18.33	11.65
中部	25.02	19.66
西部	9.10	8.81
东北	8.00	15.75

与2018年相比，2019年各区域园区平均授权发明专利数有所下降。这主要是由于新增加的第七批次园区建设时间较短、成果产出较少，从而拉低了整体水平。如图4-2所示，东部园区有非常明显的下降，降幅达到36.44%，由于东部园区新增的第七

批次园区数量多、园区初期建设尚未有显著成果产出，拉低了东部园区整体均值。中部园区平均授权发明专利数最多，领先其他区域的园区，相对于2018年，降幅达21.42%。西部园区平均授权专利数与上年大致持平。相反，2019年东北园区平均授权发明专利数增长了96.88%，这主要是由于辉山园区的授权发明专利数增长了5倍，拉高了东北园区的整体平均值。近几年我国园区授权发明专利数量持续下滑，一方面是授权发明专利数是园区自主创新能力的重要标志，作为3种专利类型中含金量最高的专利，比一般的实用专利、外观专利授权难度大、申请周期长；另一方面是国家对于发明专利的授权审批越发严格，近年来对于发明专利的驳回率明显增高。因此，园区对于发明专利的申请减少，同时授权发明专利的难度增大，导致了近年来授权发明专利数大幅减少。

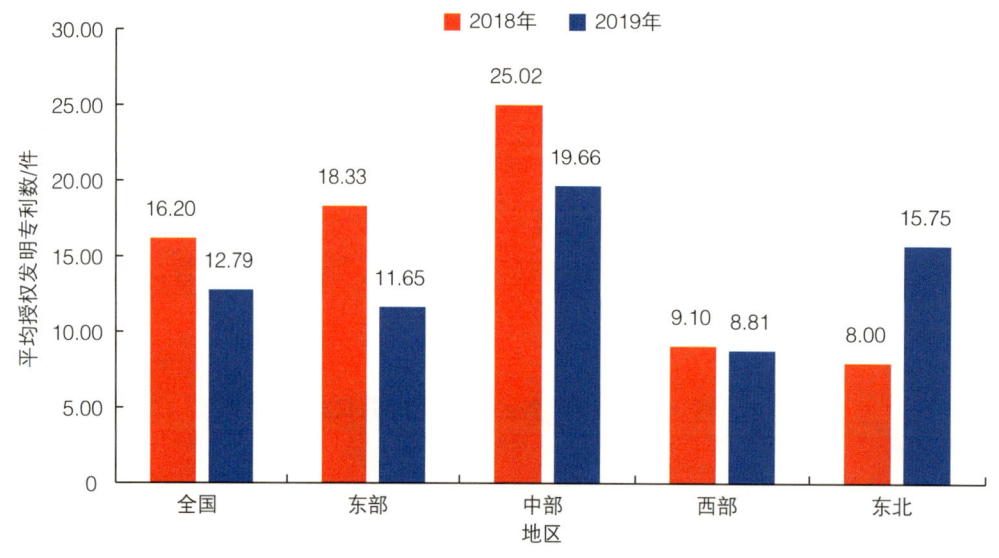

图4-2　2018年和2019年各区域园区平均授权发明专利情况

二、园区品种及品牌认定状况

本报告通过对园区当年通过审定的新品种数和"三品一标"数指标的分析来评价园区的创新产出能力。并对比2018年和2019年的园区数据，以及对东部、中部、西部和东北地区的园区进行综合分析。

1. 2019年园区平均通过审定的新品种数有所减少，东北园区平均通过审定的新品种数减少较多

通过审定的新品种数既在一定程度上代表了园区的创新能力，又为下一步的示范推广奠定了物质基础。2019年232个园区通过审定的新品种总数量达到1446个，平均每个园区通过审定的新品种数为6.23个。其中，广州、武汉、怀化、玉溪和酒泉园区通过审定的新品种数排名居全国前5位。2019年通过审定的新品种数排名居前20位的园区如图4-3所示。

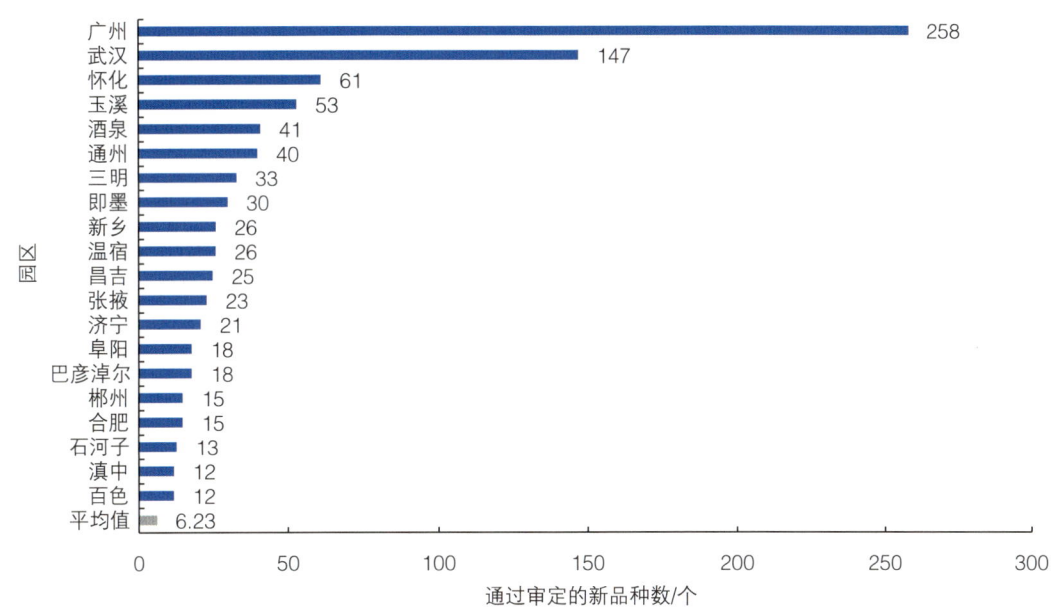

图4-3 2019年通过审定的新品种数排名居前20位的园区

区域对比方面，2019年中部园区平均通过审定的新品种数最多，约为8.18个，领先全国其他区域。而东部园区通过审定的新品种数也超过了全国平均水平。西部和东北园区平均通过审定的新品种数低于全国平均水平，仅有4.45个和2.75个，具体如表4-2所示。

表4-2 2018年和2019年各区域园区平均通过审定的新品种数情况

单位：个

地区	2018年	2019年
全国	8.41	6.23
东部	8.83	7.67
中部	10.62	8.18
西部	6.19	4.45
东北	8.62	2.75

与2018年相比，2019年园区平均通过审定的新品种数较上年的8.41个减少了2.18个，下降幅度为25.92%（图4-4）。这主要是由于2019年第七批次新增园区尚处于建设阶段，致使整体通过审定的新品种数大幅下降。同时，各区域园区平均通过审定的新品种数较2019年也有不同程度的下降。其中，东部园区减少幅度最小，仅有13.14%。而东北园区从上年的8.62个减少到2.75个，降幅达到68.10%，主要是由于阜新园区通过审定的新品种数从43个变为0个。通过审定的新品种数的下降，在一定程度上代表了园区发展思路的转变，从仅追求新品种的数量到追求能够满足市场需求，具有更高经济价值和推广价值的新品种转变。

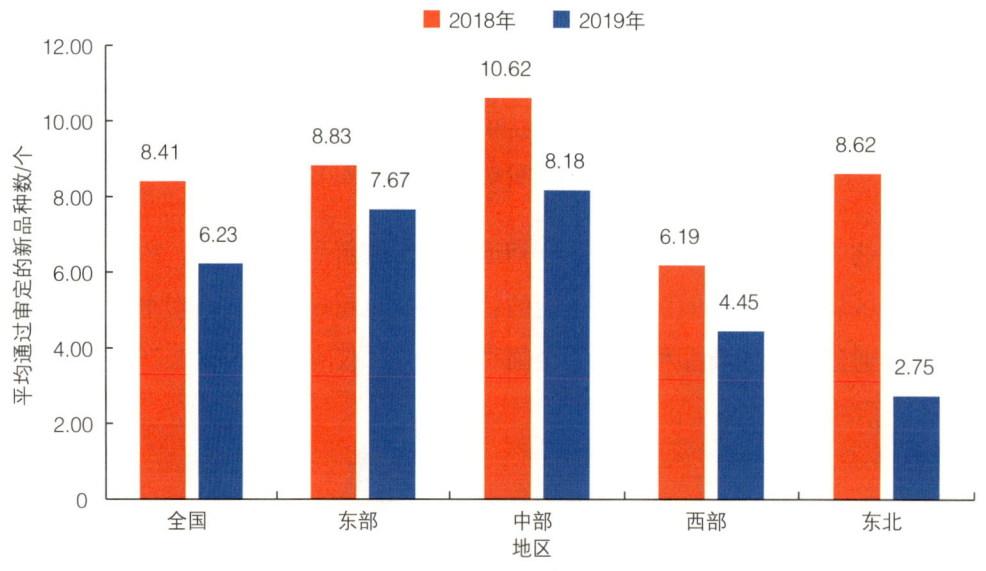

图4-4 2018年和2019年各区域园区平均通过审定的新品种数情况

2. 2019年园区平均拥有的"三品一标"数有所增加，西部园区的增长幅度最大，领先全国其他园区

"三品一标"认证是指无公害农产品、绿色食品、有机农产品和农产品地理标志。"三品一标"产品的数量在很大程度上反映了农业新型科技在农产品生产过程和质量控制上的应用，是反映园区创新应用状况的重要指标。2019年全国232个园区拥有的"三品一标"总数为8113个，平均每个园区拥有的"三品一标"数为34.97个。其中，镇江、宜昌、长寿、淮安和江津园区拥有的"三品一标"数排名居全国前5位。2019年园区拥有的"三品一标"数排名居前20位的园区如图4-5所示。

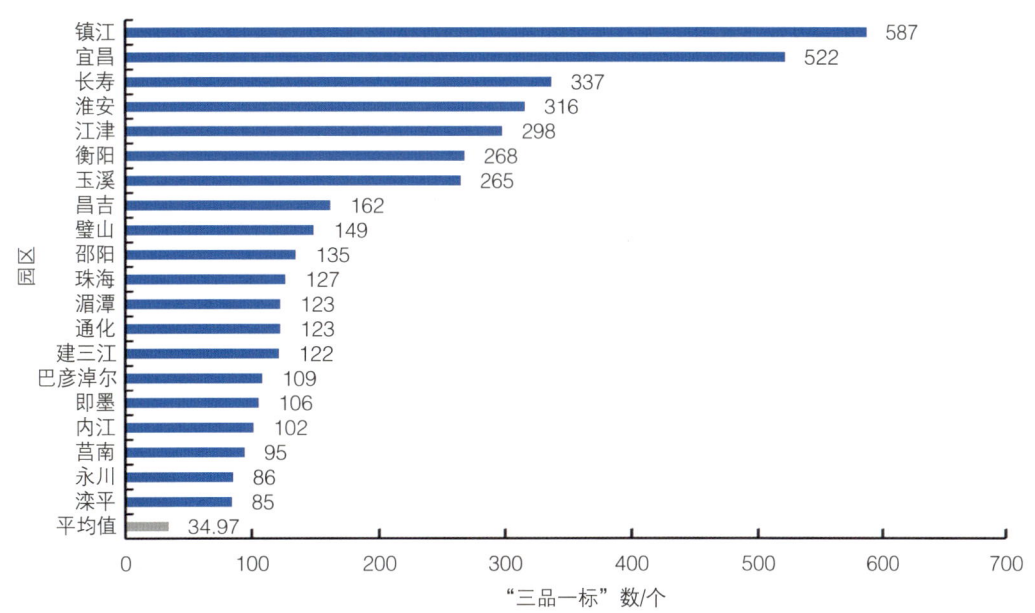

图4-5　2019年园区拥有的"三品一标"数排名居前20位的园区

区域对比方面，2019年中部园区平均拥有的"三品一标"数最多，为42.70个。西部园区和东部园区次之，分别为33.00个和32.85个，均超过了30个。东北园区平均拥有的"三品一标"数相对较少，低于全国平均水平。具体如表4-3所示。

表4-3　2018年和2019年各区域园区平均拥有的"三品一标"数情况

单位：个

地区	2018年	2019年
全国	26.80	34.97
东部	23.29	32.85
中部	35.78	42.70
西部	21.73	33.00
东北	30.46	28.19

与2018年相比，2019年园区平均拥有的"三品一标"数总体有所增加，较上年的26.80个增加了30.49%。其中，中部、西部和东部园区平均拥有的"三品一标"数均有所增加。尤其是西部园区2019年新增的"三品一标"平均数增加了11.27个，增长幅度最大，达到51.86%。而东北园区2019年新增的"三品一标"平均数较上年略有下降，这种下降属于较为正常的波动。具体如图4-6所示。

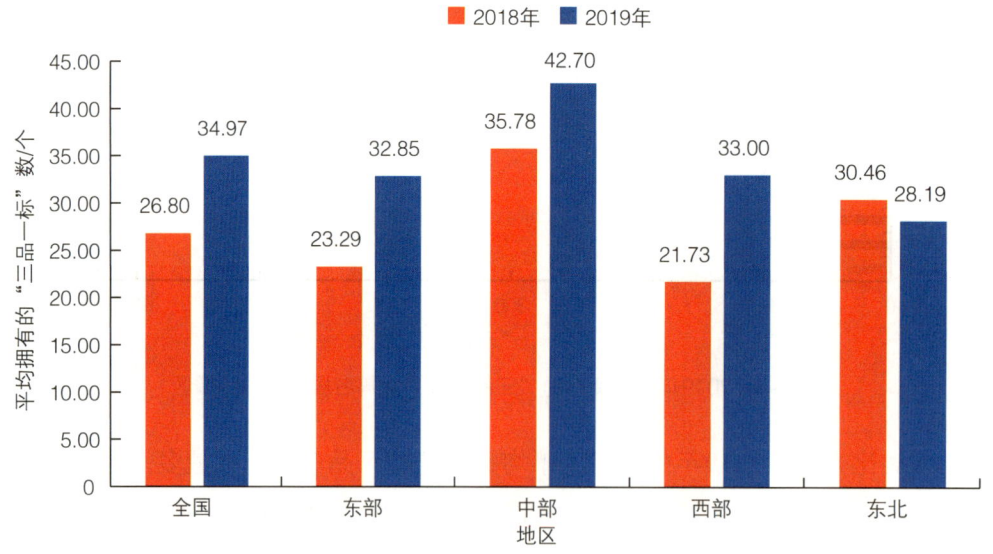

图4-6　2018年和2019年各区域园区平均拥有的"三品一标"数情况

三、园区企业培育和升级情况

本报告通过对园区在孵企业数和认定的高新技术企业数等指标的分析来评价园区

的创新产出能力。并对比2018年和2019年的园区数据,以及对东部、中部、西部和东北地区的园区进行综合分析。

1.园区平均在孵企业数总体稳步提升,东北园区领先其他园区

孵化企业是园区开展科技创新孵化的重要成果,园区的孵化企业通常定位于新兴产业和技术,具有很强的创新发展活力,对园区的持续创新发展具有重要推动力。2019年232个园区的在孵企业总数达到6371家,平均每个园区的在孵企业数达到27.46家。其中,辉山、武汉、荆州、湛江和昌吉园区的在孵企业数排名居全国前5位。2019年在孵企业数排名居前20位的园区如图4-7所示。

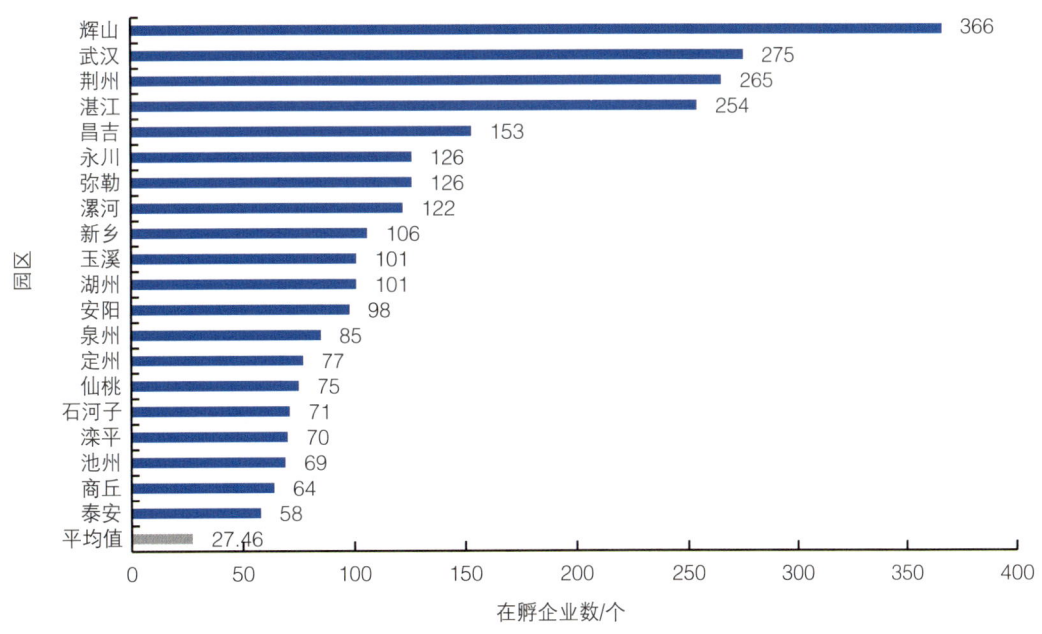

图4-7 2019年在孵企业数排名居前20位的园区

区域对比方面,2019年东北园区平均在孵企业数最多,达到了35.75家。中部园区次之,达到35.33家,平均在孵企业数都超过30家。而西部和东部园区平均在孵企业数低于全国平均水平,但各园区的总体差距不大,4个区域园区平均在孵企业数均在20家以上。具体如表4-4所示。

表4-4　2018年和2019年各区域园区平均在孵企业数情况

单位：家

地区	2018年	2019年
全国	25.96	27.46
东部	30.28	25.07
中部	27.81	35.33
西部	20.92	22.98
东北	24.85	35.75

与2018年相比，2019年全国232个园区的平均在孵企业数略有增加。如图4-8所示，东北、中部和西部园区的平均在孵企业数呈现出增长趋势，尤其是东北园区增幅最大，达到了43.86%，这主要是由于辉山园区的大幅增长拉动了东北在孵企业数的整体提升。而东部园区平均在孵企业数有所减少，但降幅不大，为17.21%。东部园区应提升企业的孵化服务质量，加快企业孵化进程，缩短企业孵化周期，同时加强对在孵企业的考核，及时淘汰成长不佳的孵化企业。在孵企业既是园区创新产出的重要形式和创新成果转化去向，同时又是园区未来创新的新力量，各园区应该对企业孵化倍加重视，通过成功的企业孵化实现园区创新发展的持续内循环。

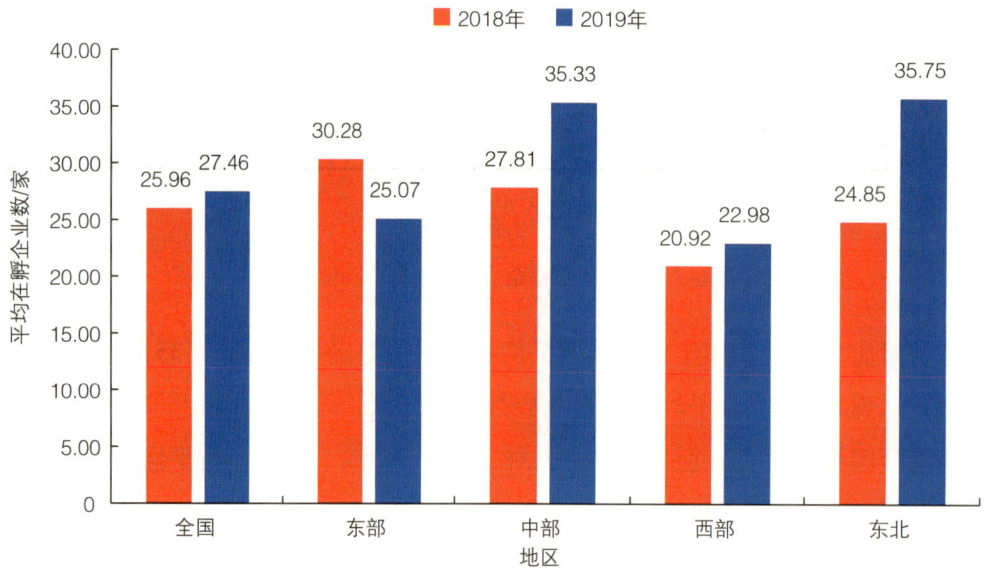

图4-8　2018年和2019年各区域园区平均在孵企业数情况

2.当年园区高新技术企业数保持增长态势，东北园区平均高新技术企业数最多

高新技术企业是拥有自主知识产权的企业，其大多具有较强的技术创新能力和高端技术开发能力，园区内认定的高新技术企业增多时，代表园区技术创新成果的增加和自主创新能力的提升。园区高新技术企业数方面，2019年232个园区的高新技术企业总数达到2652家，平均每个园区的高新技术企业数为11.43家。其中，辉山、玉溪、镇江、固安和武汉5家园区的高新技术企业数排名居全国前5位。2019年高新技术企业数排名居前20位的园区如图4-9所示。

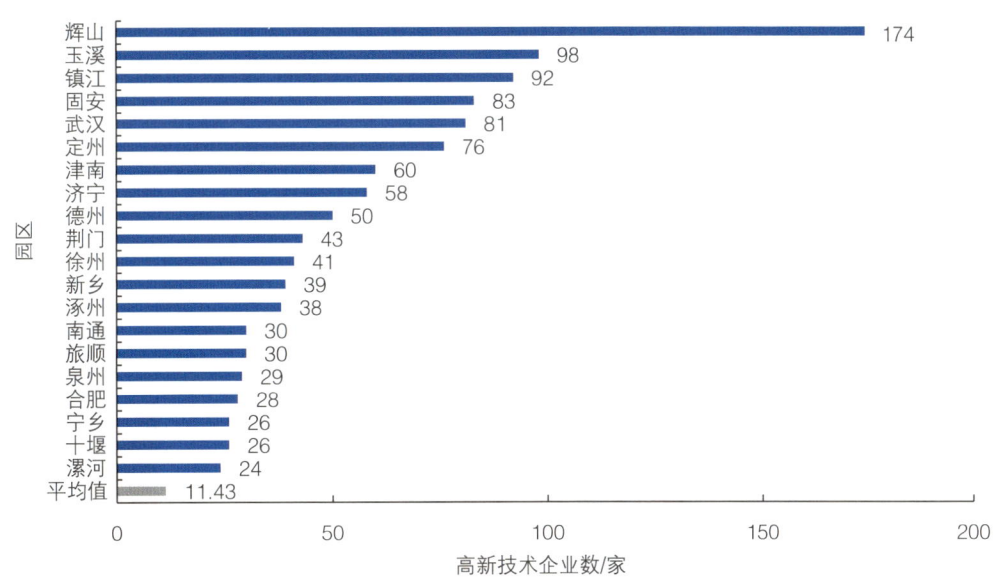

图4-9　2019年园区高新技术企业数排名前20位的园区

区域对比方面，2019年东北园区平均认定的高新技术企业数最多，达到了17.44家，领先全国其他园区，这其中很大原因是由于辉山园区的高新技术企业数较多，整体拉高了东北园区的高新技术企业平均数。东部和中部园区平均认定的高新技术企业数分别达到13.68家和13.94家，均超过了10家，而西部园区平均认定的高新技术企业数最少，约为6.91家，各园区的高新技术企业数趋于均衡（表4-5）。

表4-5　2018年和2019年各区域园区平均认定的高新技术企业数情况

单位：家

地区	2018年	2019年
全国	10.59	11.43
东部	11.24	13.68
中部	12.79	13.94
西部	7.37	6.91
东北	14.15	17.44

与2018年相比，2019年232个园区平均认定的高新技术企业数实现了一定程度的增加，增幅达到7.93%。且各区域园区均呈现出不同程度的增长态势，其中东北园区的增幅最大，达到23.23%。东部园区次之，增幅也超过了21.71%。中部园区由于上年高新技术企业数量较多，本年增幅相对较小，约为8.95%。西部园区受新增园区的影响，高新技术企业数略有下降。具体如图4-10所示。

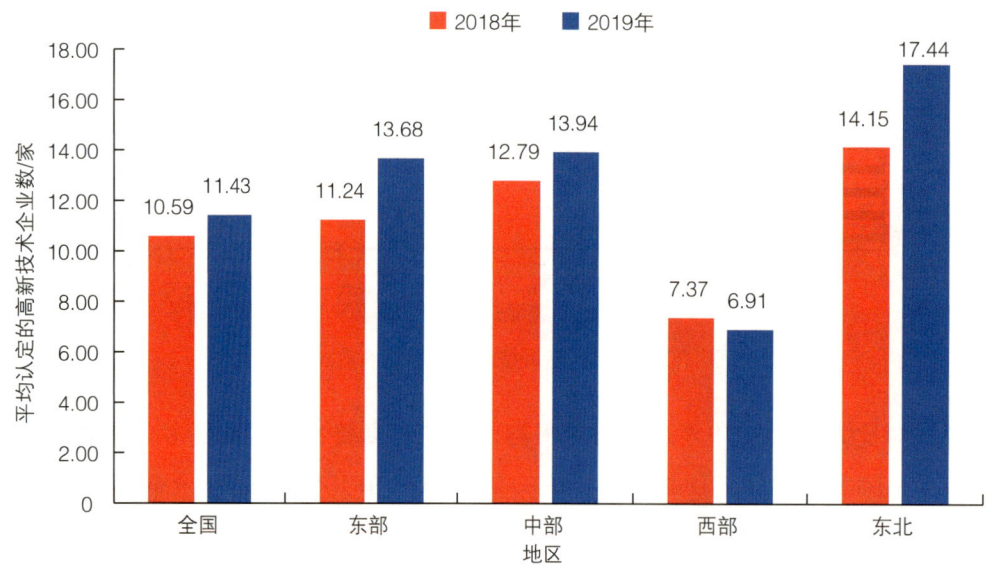

图4-10　2018年和2019年各区域园区平均认定的高新技术企业数情况

四、小结

创新成果产出是国家农业科技园区创新能力的科技原动力与外在表现，是园区创新能力的重要体现。本章结合园区的专利申请状况、园区通过审定的新品种状况、园区通过审定的"三品一标"状况、园区在孵企业状况和高新技术企业状况5个方面的指标对232个园区的创新水平指数进行了核算，并得出以下结论。

①2019年园区当年通过审定的新品种数量有所减少，东北园区当年通过审定的新品种数量减少较多。

②2019年园区平均拥有的"三品一标"数有所增加，西部园区的增长幅度最大，领先全国其他园区。园区"三品一标"数量逐年稳步增长，其中西部园区增长最为明显，标志着农业发展进入新阶段的战略选择，是传统农业向现代农业转变的重要标志，展现了人们对安全农业、安全食品不断提升的要求。

③园区内在孵企业和高新技术企业总数量保持增长态势，东北园区平均在孵企业数增长幅度和高新技术企业数增幅最大。

2018年和2019年园区创新成果产出情况的对比具体如图4-11所示。

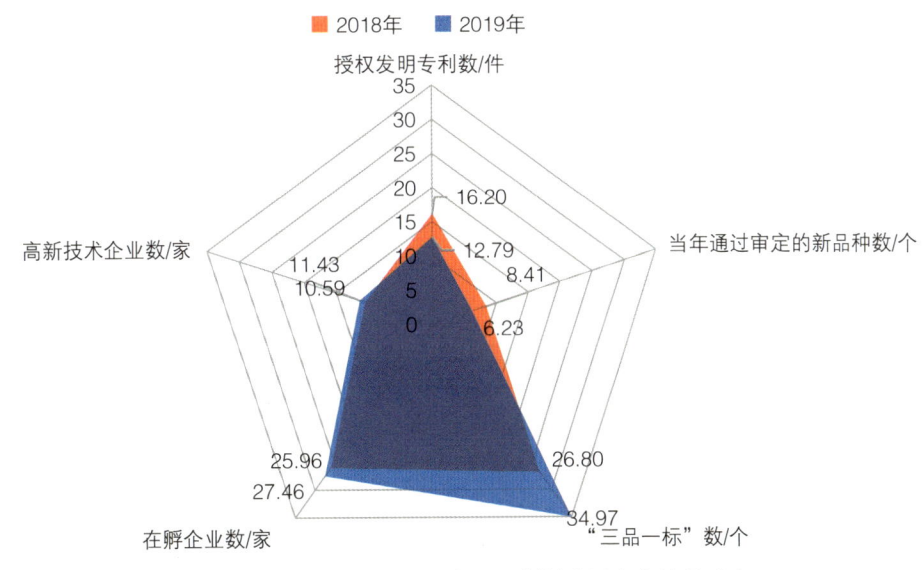

图4-11　2018年和2019年园区创新成果产出情况对比

国家农业科技园区创新能力评价报告2020

第五章 国家农业科技园区创新能力分项评价

——创新示范推广评价

农业科技创新是我国现代农业发展的重要推动力，农业创新成果的示范与推广是加速农业高新技术创新成果落地、转化为现实生产力的重要纽带，同时也是促进农村生产力发展、实现乡村全面振兴的最有效措施。农业科技园作为现代农业技术集成示范和引进推广的重要载体，在高新技术引进助推产业升级和适用技术推广带动农民增收方面发挥着重要作用。科学全面地掌握园区创新示范推广情况，从而发现其在农业科技成果的引进、示范、推广过程中的问题，对加强园区的创新示范辐射带动作用具有重要的现实意义。因此，本章从园区"新品种、新技术和新设施数"的引进推广及园区的创新示范与技术培训两个方面对园区创新示范推广状况进行综合分析评价。

一、园区新品种、新技术和新设施数的引进推广状况

本报告采用引进和推广的"新品种、新技术、新设施"（简称"三新"）数作为衡量园区创新引进与推广能力的主要指标之一。对比2018年和2019年的园区新品种、新技术和新设施数数据，以及对东部、中部、西部和东北地区园区的"三新"相关状况进行综合分析。

1.园区2019年引进新品种、新技术和新设施数总体有所上升，其中中部园区增幅最大

园区通过"三新"的引进可以为园区的发展注入新的生机与活力，通过技术吸收精准高效地为自主创新提供技术基础，满足园区发展的技术需求。2019年全国232个园区共引进"三新"数量总数为19 752个，平均每个园区引进的"三新"数为85.14

个。其中，通州、黄石、周口、淮安和寿光园区的引进"三新"数排名居全国前5位。2019年引进"三新"数排名居前20位的园区，如图5-1所示。

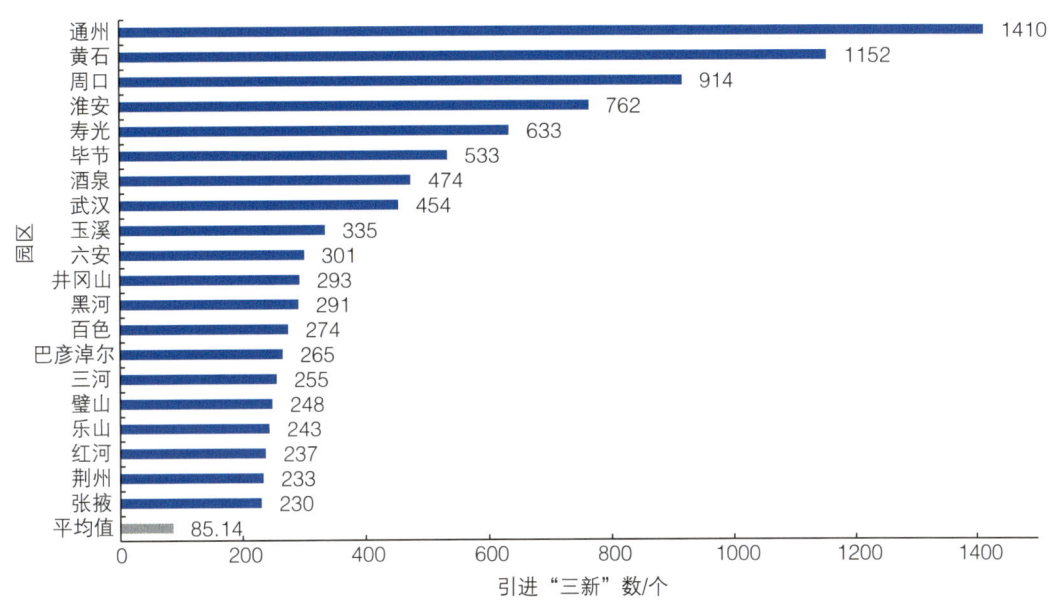

图5-1 2019年引进"三新"数排名居前20位的园区

区域对比方面，中部园区平均引进的"三新"数居于领先地位，达到104.64个，超过全国平均水平。东部园区次之，平均引进"三新"数为83.06个，西部园区平均引进"三新"数为82.74个，两个区域略低于全国平均水平，东北园区平均引进的"三新"数相对较少，为39.44个，引进的"三新"数不到其余区域园区的50%（表5-1）。

表5-1 2018年和2019年各区域园区平均引进"三新"数情况

单位：个

地区	2018年	2019年
全国	74.29	85.14
东部	89.09	83.06
中部	77.26	104.64
西部	64.87	82.74
东北	50.08	39.44

与2018年相比，2019年各区域引进的"三新"数总体呈现出增长趋势，增幅

为14.60%。其中，中部园区、西部园区相对上一年均有较大幅增长，增幅分别为35.44%和27.55%。而东部园区、东北园区呈现下降趋势，降幅分别为6.77%和21.25%（图5-2）。其中，东北园区平均引进"三新"数下降主要是由于阜新园区引进数量的大幅降低，而东部园区的下降则主要因为第七批园区引进数量的普遍偏低(同样本情况下东部园区较2018年增长了24.27%)。对于前六批园区而言，这是园区快速发展期开展大量技术引进后的正常调整，也是园区在技术引进工作上加强质量控制、实现精准化引进的正常现象。而对于第七批园区，则需要通过加强技术的"引进来"为园区的持续发展增添新的动力。

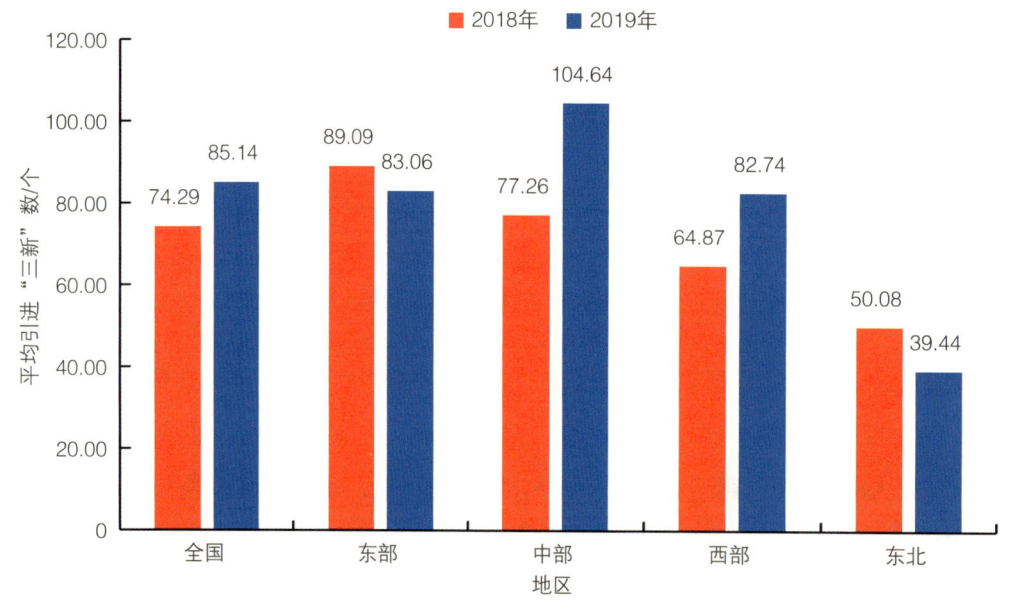

图5-2　2018年和2019年各区域园区平均引进"三新"数情况

2.园区当年推广"三新"数有所增长，其中中部园区增幅最大

园区推广"三新"，一方面可加速生产者对农业高新技术的了解与认可；另一方面能在很大程度上反映园区对农业技术集成的示范推广情况。园区推广的"三新"既包括园区对引进"三新"的推广，也包括园区对自主创新成果的推广。2019年232个园区推广"三新"数达到12 858个，平均每个园区推广"三新"数为55.42个。其中，通州、周口、武汉、酒泉和黄石园区的推广"三新"数排名居全国前5位，2019年推广"三新"数排名居前20位的园区如图5-3所示。

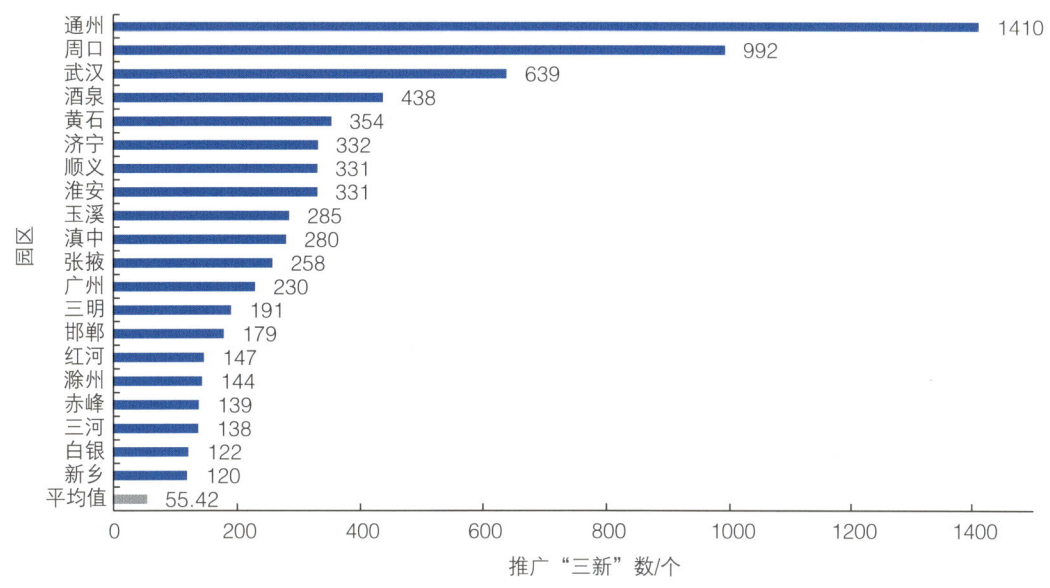

图5-3　2019年推广"三新"数排名居前20位的园区

区域对比方面，中部园区平均推广"三新"数领先全国，达到67.98个，东部园区紧跟其后，平均推广数量为63.92个，两者的推广数量均超过了全国平均值。而西部和东北园区的推广数量相对落后，分别为46.75个和20.94个，低于全国平均水平，且与中部、东部园区存在较大的差距（表5-2）。

表5-2　2018年和2019年各区域园区平均推广"三新"数情况

单位：个

地区	2018年	2019年
全国	46.44	55.42
东部	61.43	63.92
中部	48.60	67.98
西部	34.83	46.75
东北	32.85	20.94

与2018年相比，2019年园区平均推广"三新"数较上年有所增加，增幅为19.34%。其中，中部、西部园区平均推广"三新"数有大幅增加，增幅分别达到39.88%和34.22%，东部园区有小幅增加（图5-4）。西部园区的增长主要是由于酒泉、滇中、张掖及白银园区的快速扩张，而中部园区则因为第七批推广数量较多。东

北园区推广"三新"的数量较上年有较大幅下降，降幅达36.26%，这一下降主要由于阜新园区的大幅减少。技术推广是连接技术研发与技术应用的重要手段，通过科学精准的技术推广能够提升技术本身的经济价值，必能产生良好的正向经济外部效应。因此，对于第七批东北园区，需要加强对新品种、新技术及新设施的引进与推广，以提高自身创新优势。

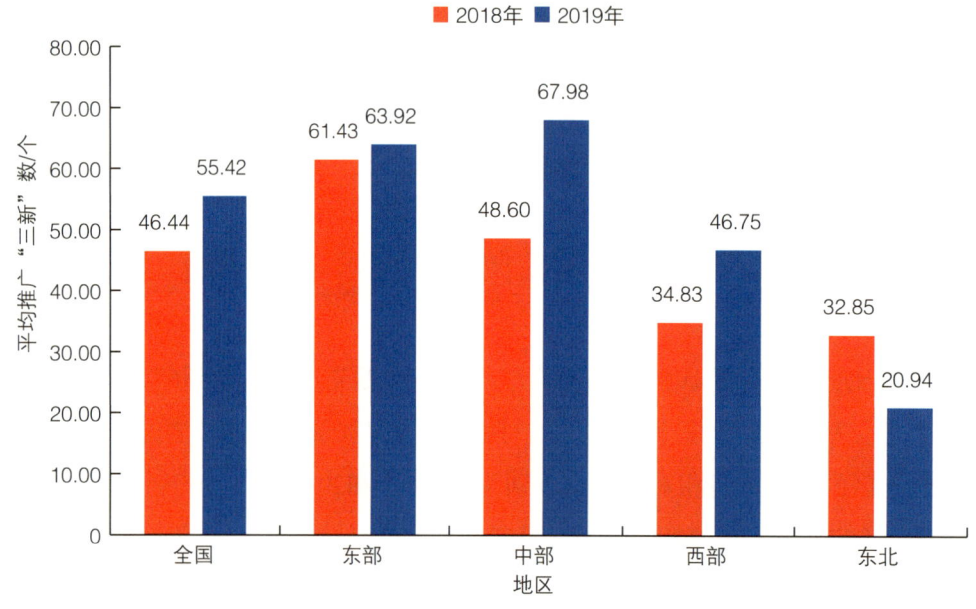

图5-4　2018年和2019年各区域园区平均推广"三新"数情况

二、园区示范与培训情况

本报告采用园区核心区示范基地数和开展的技术培训总人次分析园区的实验示范和培训工作状况。并对比2018年和2019年的园区数据，以及对东部、中部、西部和东北地区的园区相关状况进行综合分析。

1.园区核心区示范基地数较上年略有降低，东北园区增幅明显

农业科技示范基地能够为全国乃至世界的农业科技产品提供展示和推广的舞台，并针对整个流程为农民提供全方位和多角度的综合服务，是连接消费者与农户之间的桥梁和纽带，能够推动园区的主导产业走向规模化、市场化，是现代农业科技的辐射

源,在园区的创新发展中发挥着重要作用。2019年232个园区核心区拥有的示范基地总数达到2935个,平均每个园区核心区拥有的示范基地数为12.65个。其中,淮安、昌吉、泉州、赤峰和长寿拥有的示范基地数排名居全国前5位。2019年核心区示范基地数排名居前20位的园区如图5-5所示。

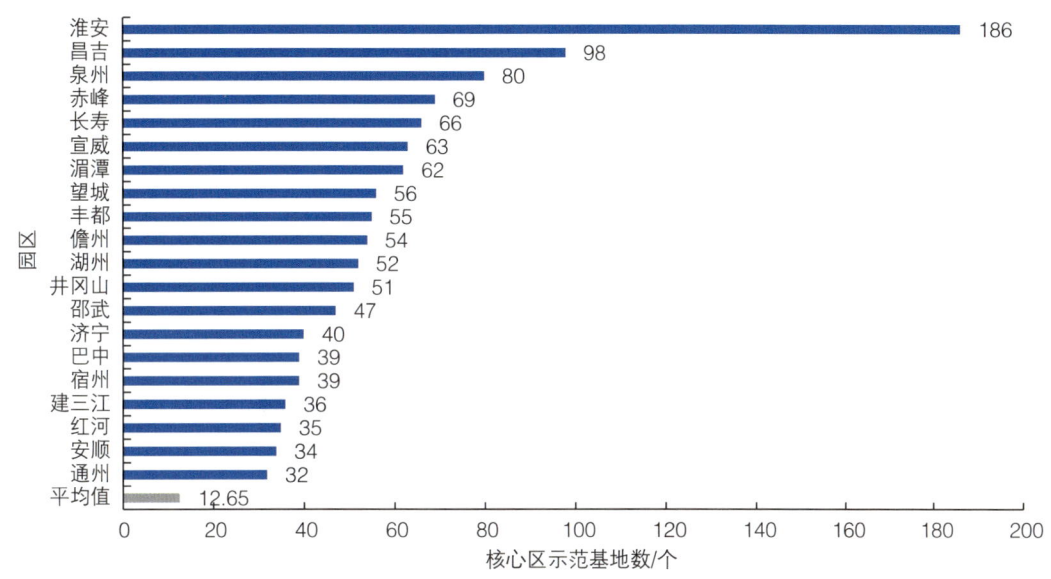

图5-5 2019年核心区示范基地数排名居前20位的园区

区域对比方面,东部园区核心区平均示范基地数最多,达到14.33个,领先全国其他区域。西部园区核心区平均示范基地数量次之,平均约为13.66个,超过了全国平均水平。中部园区核心区平均示范基地数超过了10个,达到10.21个,东北园区核心区平均示范基地数有所增加,为8.06个。具体如表5-3所示。

表5-3 2018年和2019年各区域园区核心区平均示范基地数情况

单位:个

地区	2018年	2019年
全国	13.63	12.65
东部	16.87	14.33
中部	10.33	10.21
西部	15.80	13.66
东北	4.15	8.06

与2018年相比，2019年232个园区核心区平均示范基地数有所下降，主要是由于第七批园区示范基地数量相对较少(同样本情况下两年基本无差异)。其中，东北园区有明显提升，增幅达94.22%，几乎翻了一倍，除去样本量因素，这与东北园区近年来对创新示范情况的重视程度密不可分。此外，东部、中部、西部园区均呈现不同幅度的下降，东部园区的降幅最为明显，为15.06%，主要是由于泉州、临沂等园区示范基地数量的减少。而中部与西部园区平均示范基地数下降则主要是由于第七批园区示范基地数量不足（同样本情况下与上年相比分别增加0.68%、1.21%）。具体如图5-6所示。

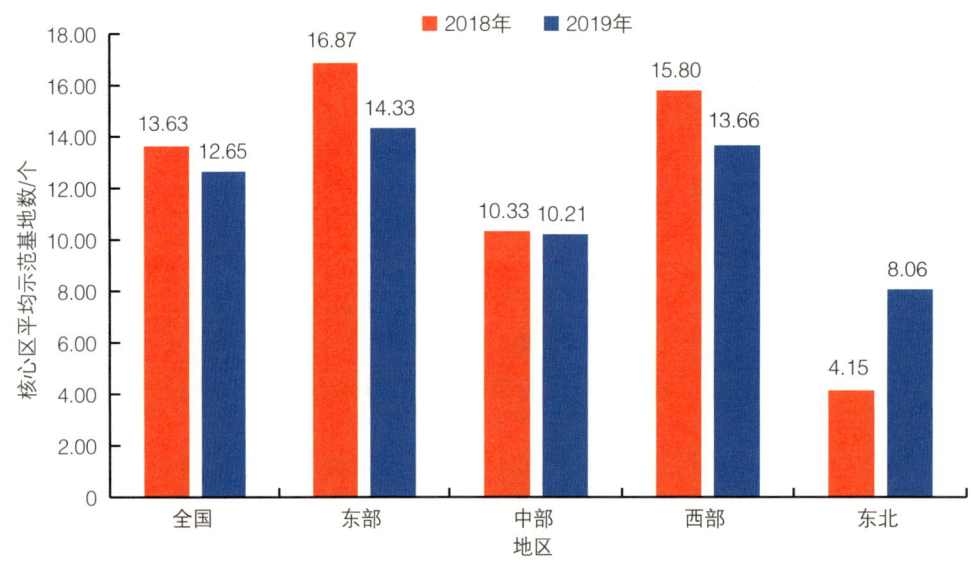

图5-6　2018年和2019年各区域园区核心区平均示范基地数情况

2.园区本年度技术培训总人次与上年基本持平，有力地助推了技术推广和农民素质提升

技术培训能够全面提升农民的综合素质，加快当地农民对现代农业技术和发展模式的了解与认可，加速高新技术在农业农民中的推广和使用，以更好地实现农民的增收致富，带动当地农业经济的发展。园区技术培训总人次方面，2019年232个园区的技术培训总人次达到3 894 269人次，平均每个园区技术培训总人次为16 785.64人次。其中，武汉、寿光、定州、新乡和建三江技术培训总人次排名居全国前5位。2019年技术培训总人次排名居前20位的园区如图5-7所示。

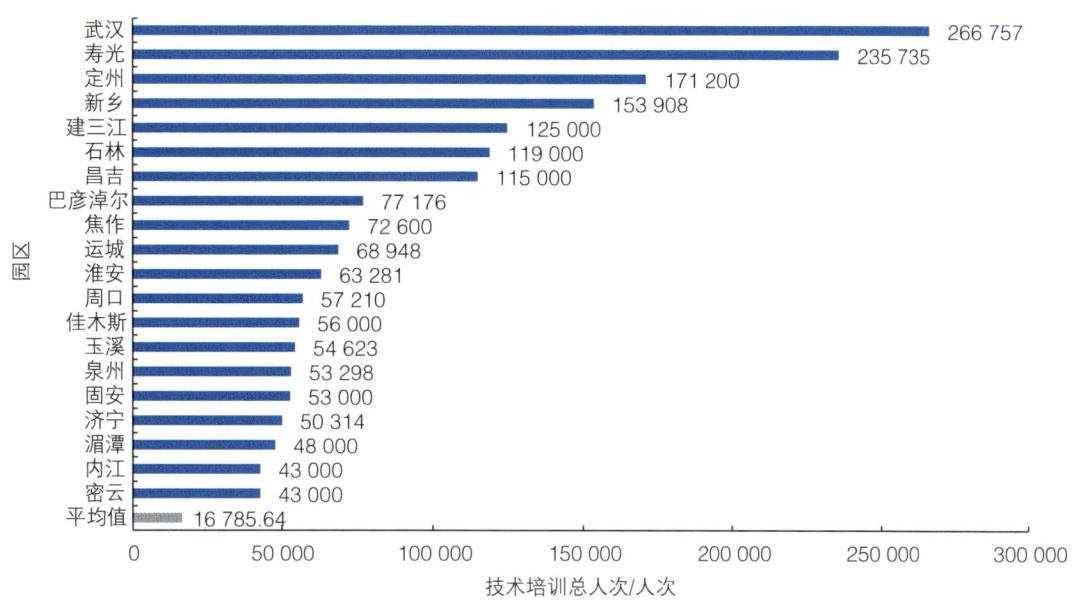

图5-7 2019年技术培训总人次排名居前20位的园区

区域对比方面，中部园区平均技术培训总人次最多，达到18 933.14人次，领先全国其他园区。东北园区紧跟其后，达到18 736.88人次，两个区域的园区平均技术培训人次均超过全国平均水平（表5-4）。中部园区的人力资本相对匮乏，开展技术培训是提升人力资本的有效途径。东部和西部园区平均技术培训总人次则低于中部、东北园区，东部园区的人力资本相对丰富，农户个人技术素养较高，因此，适度控制技术培训的规模有助于培训效果的改善。

表5-4 2018年和2019年各区域园区平均技术培训总人次情况

单位：人次

地区	2018年	2019年
全国	17 282.15	16 785.64
东部	13 684.07	16 330.53
中部	18 275.24	18 933.14
西部	20 318.46	15 436.65
东北	14 660.15	18 736.88

与2018年相比，2019年全国232个园区平均技术培训总人次与上年基本持平，主要是由于第七批园区技术培训水平略低于全国平均水平（同样本情况下与上年相比增加了10.18%）。其中，东北园区的增幅最大，达到27.81%，超过全国平均水平，仅次于中部园区（图5-8）。东北园区通过技术培训工作，有针对性地提升农户个人素质，能够加快技术地扩散、采纳和应用，达到事半功倍的效果。此外，东部、中部园区的技术培训总人次均实现了不同程度的增长，并且东部园区的增幅也接近20%。由此可见，中部园区近几年始终重视对人才的投资，维持在较高水平上；东部园区在相对丰富的人力资本的基础之上，仍通过加大对人员的培养，为园区的持续发展注入源源不断的活力。而西部园区平均技术培训总人次则出现了下降，这主要是由于玉溪、和田等园区技术培训总人次的减少。

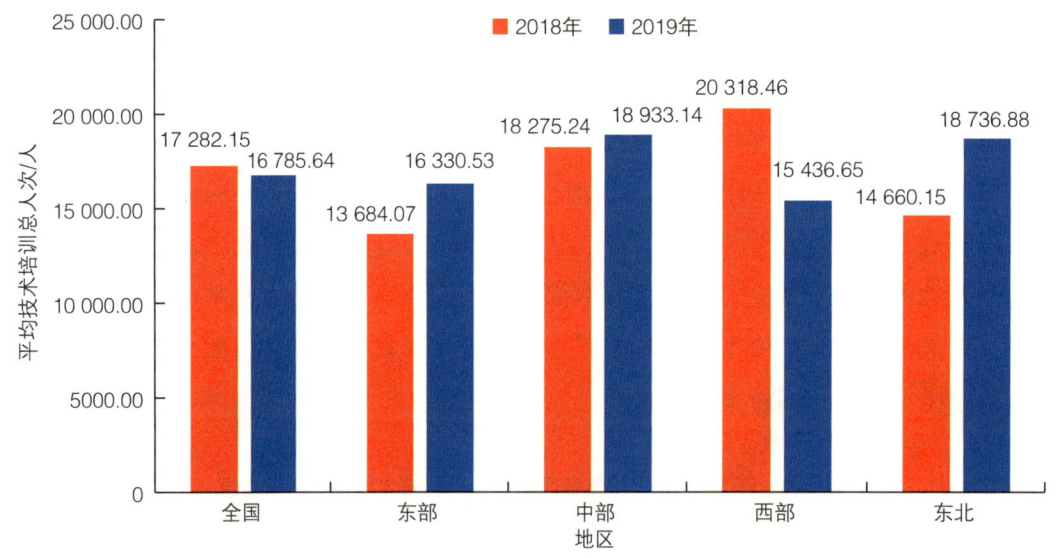

图5-8　2018年和2019年各区域园区平均技术培训总人次情况

三、小结

创新示范推广在农业科技园区转变经济发展方式等方面发挥着重要的引领、辐射、带动作用。国家农业科技园区的建设中，创新示范推广在推动区域创新和拉动经济发展等方面发挥着积极的作用。对232个园区的创新水平指数进行了核算，并得出以下结论。

①2019年园区引进、推广"三新"方面较2018年均有不同程度上升。中部、东部园区分别在在引进和推广"三新"数方面表现良好，领先全国其他园区。

②园区核心区示范基地建设发展势头良好，2019年园区核心区示范基地数较2018年略有下降，但仍处于较高发展水平。

③2019年园区继续加强在农民职业培训和技术培训方面的重要作用。园区2019年技术培训总人次与上年基本持平，为乡村振兴培育了大批均有专业技能和经营能力的新型职业农民。

2019年与2018年园区创新示范推广各指标的对比与变化如图5-9所示。

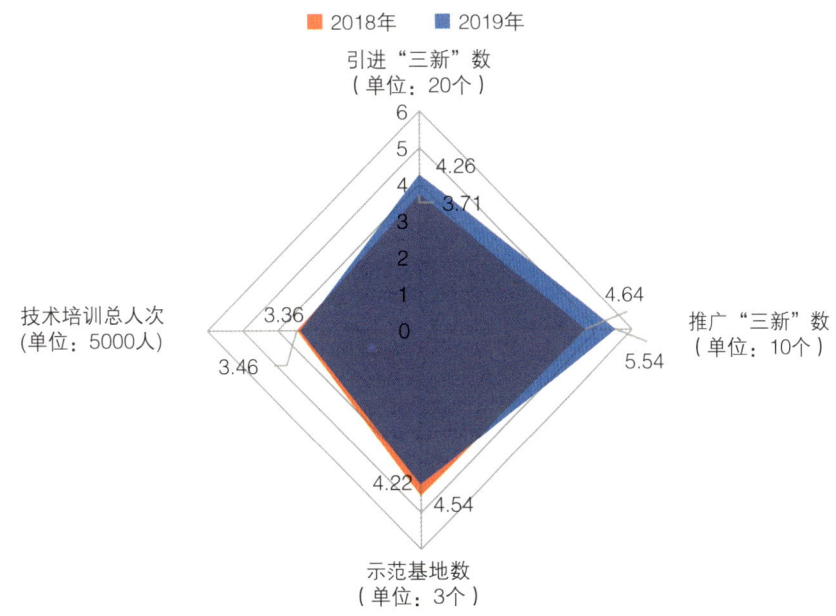

图5-9　2019年与2018年园区创新示范推广情况对比

国家农业科技园区创新能力评价报告2020

第六章 国家农业科技园区创新能力分项评价

——创新综合绩效评价

创新是推动时代发展的动力源泉。国家农业科技园区作为集约化生产、农业科技创新、农机推广示范等为一体的现代化农业产业带动区，在推动区域创新和拉动农业经济发展等方面发挥着积极的作用。园区创新综合绩效既包括园区通过创新活动取得的直接经济效益，如利润和产值等，也包括创新活动正向外溢所产生的社会效益，如带动农民增收等。同时，园区也是创新驱动可持续发展的示范区，其创新发展应该兼顾运营效益增加和产业规模扩大等短期发展绩效的实现，以及对产业结构优化及产业链接融合等长期发展绩效的铺垫。因此，为了解国家农业科技园区创新综合绩效的发展状况，本章从园区的总体经济效益状况、产业发展及融合状况、产业结构状况、农民增收效应等方面对园区的创新绩效进行综合分析评价。

一、园区总体经济效益状况

本报告采用园区年度净利润和技术性收入两个指标来分析园区当年运行产生的经济收益。并对比2018年和2019年的园区数据，以及对东部、中部、西部和东北地区的园区相关状况进行综合分析。

1.园区年度净利润总体仍与上年持平，中部园区的净利润出现大幅增长

园区的净利润是反映园区最终经营成果和多方面综合情况的重要指标，通常园区的创新能力越强，提供产品和服务的技术含量越高，净利润会越大。2019年232个园区实现总净利润为1150.01亿元，平均每个园区的净利润为4.96亿元。其中，亳州、玉溪、济宁、永州和武汉净利润排名居全国前5位。2019年净利润排名居前20位的园

区，如图6-1所示。

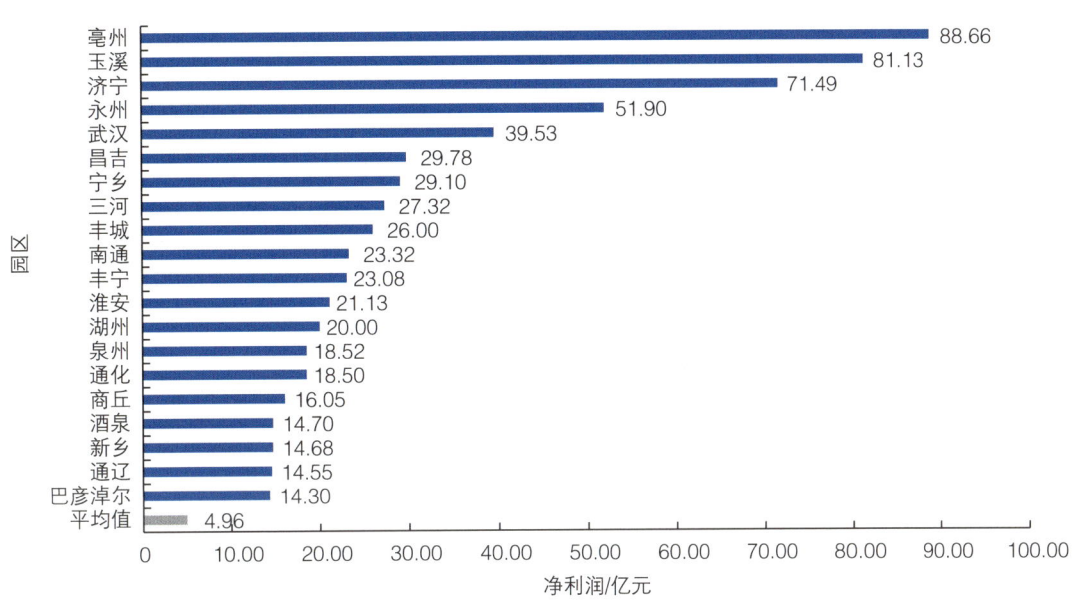

图6-1　2019年净利润排名居前20位的园区

区域对比方面，2019年中部园区赶超东部，处于领先地位，园区平均年度净利润达到7.06亿元，也是平均净利润唯一超过7亿元的区域。东部园区平均年度净利润仅次于中部园区，达到5.11亿元，超过全国平均水平。西部园区、东北园区平均年度净利润分别为3.87亿元、2.87亿元，两园区在低于全国水平的基础上仍呈现一定程度的下降。因此，如何将创新成果转化为产品和服务的高附加值仍是西部、东北园区未来应该关注的重点问题。具体如表6-1所示。

表6-1　2018年和2019年各区域园区平均年度净利润情况

单位：亿元

地区	2018年	2019年
全国	5.10	4.96
东部	6.07	5.11
中部	4.79	7.06
西部	4.91	3.87
东北	3.44	2.87

2019年232个园区的净利润基本上仍与2018年持平（同样本情况下与上年相比增加3.93%）。其中，中部园区是唯一出现正增长的园区，增幅达47.39%，呈现出良好的发展势头。反映了中部园区对创新方向的正确把握，实现了创新的经济价值，为今后的创新持续发展奠定了良好的经济基础。另外，东部、西部和东北园区呈现不同程度的下降，其中东部园区的降低主要是由于第七批园区年度净利润的普遍偏低，在园区建设初期，园区产业集聚的经济效应尚未体现，利润相对偏低属于正常现象。而西部和东北园区，在上一阶段净利润不高的情况下仍出现较大幅下滑，降幅分别达到21.18%和16.57%。在东北园区建设投入维持在全国前列的情况下，净利润却未能实现相应增长，如何进行投入资本的合理调整、实现创新绩效的提升与发展，应当是东北园区未来重点关注的问题。具体如图6-2所示。

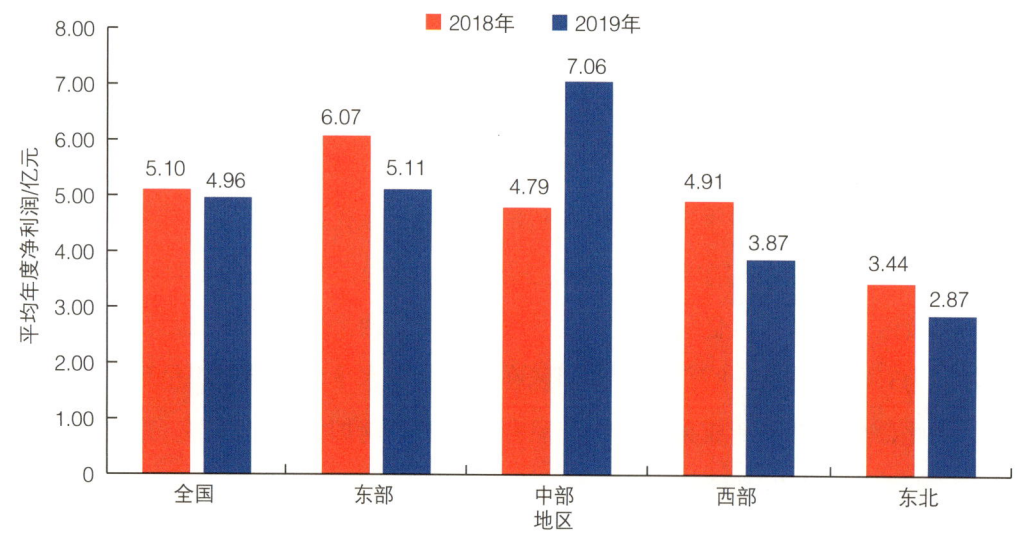

图6-2　2018年和2019年各区域园区平均年度净利润情况

2.园区年度技术性收入较上年有一定下降，东北园区呈现增长态势，济宁园区优势明显

园区的技术性收入主要包括园区企业的技术开发收入、技术转让收入、技术咨询服务收入，以及学术和科普活动收入。技术性收入除了能为园区企业带来更多的盈利外，还能反映园区企业技术研发的市场匹配度。2019年参与评价的232个园区的技术性总收入达到253.39亿元。平均每个园区的技术性收入为1.09亿元。其中，济

宁、玉溪、淮南、驻马店和永州技术性收入排名居全国前5位,尤其是济宁园区的技术性收入超过了30亿元,远领先于全国其他园区。2019年技术性收入排名居前20位的园区如图6-3所示。

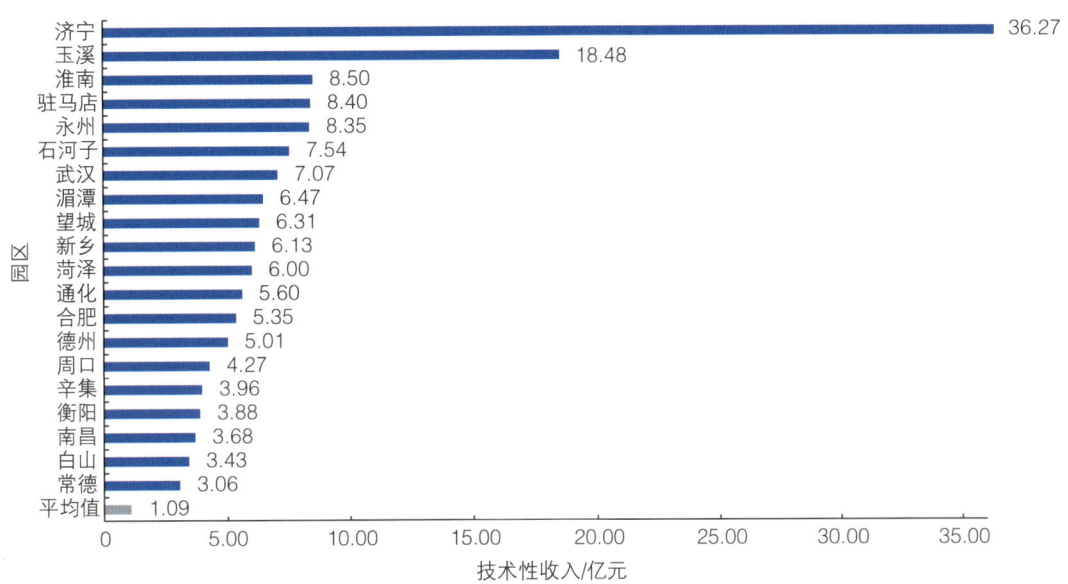

图6-3　2019年技术性收入排名居前20位的园区

区域对比方面,2019年中部园区的平均技术性收入最高,达到1.71亿元,领先于其他区域园区,另外东部园区平均技术性收入为1.11亿元,也超过全国平均水平,但与中部园区仍存在较大差距。西部和东北园区的平均技术性收入均不超过1亿元,区域差距较为明显(表6-2)。

表6-2　2018年和2019年各区域园区平均技术性收入情况

单位:亿元

地区	2018年	2019年
全国	1.42	1.09
东部	1.54	1.11
中部	2.21	1.71
西部	0.91	0.75
东北	0.5	0.70

与2018年相比，2019年参与评价的232个园区的平均技术性收入降幅达23.24%。如图6-4所示，中部、西部和东部园区的平均技术性收入有不同幅度的下降，中部、东部园区下降的原因主要是由于新乡、顺义园区技术性收入的降低，而西部园区的下降则是因为新增的第七批园区目前形成的创新成果较少，转移转化带来的技术性收入普遍偏低（同样本情况下与上年相比增加6.86%）。东北园区增幅达40%。对于东北园区而言，如何继续坚持科技兴农，将技术性投入转化为实际产出、提高技术研发的先进性和市场吻合度、推动园区向产业研发价值高点迈进，是未来需要重点关注的。

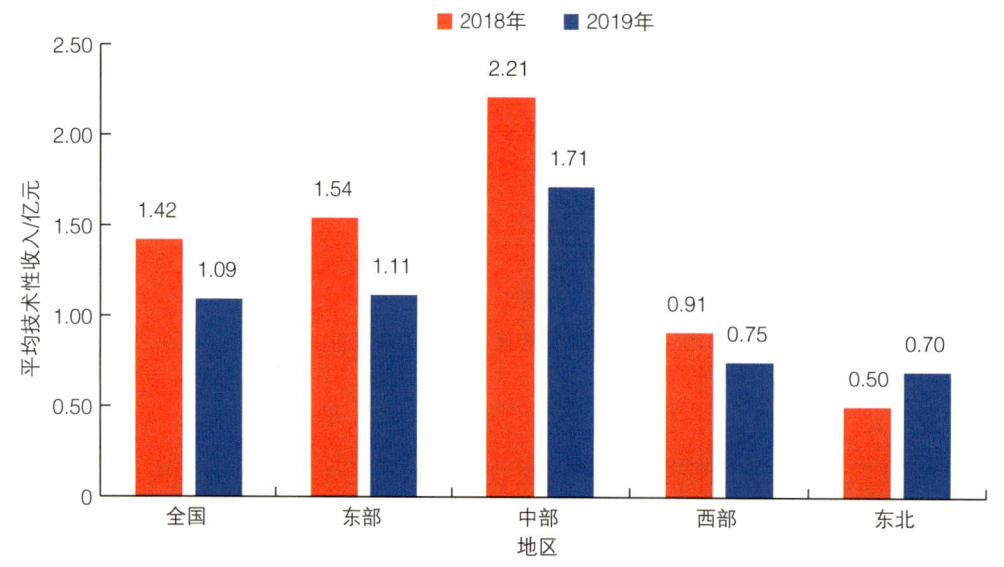

图6-4　2018年和2019年各区域园区平均技术性收入情况

二、园区产业发展及融合状况

本报告通过园区的总产值和三产融合度两个指标来分析园区总体产业发展和三大产业的融合发展状况。并对比2018年和2019年的园区数据，以及对东部、中部、西部和东北地区的园区进行综合分析。

1.园区总产值与上年基本持平，中部园区表现较为突出

2019年参与评价的232个园区的产值总和达到15 133.07 亿元。平均每个园区的总

产值为65.23亿元。其中，济宁、武汉、辉山、宁乡和昌吉总产值排名居全国前5位。尤其是济宁园区的总产值接近1000亿元，超出排名第2位园区总产值的2倍以上，依然维持高水平高质量发展。2019年总产值排名居前20位的园区如图6-5所示。

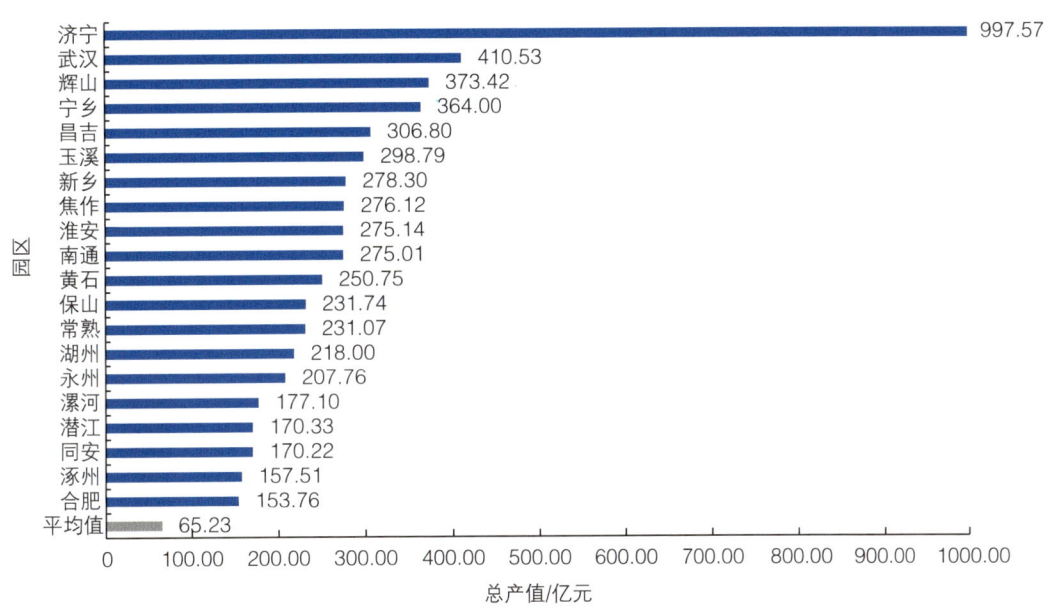

图6-5　2019年总产值排名居前20位的园区

区域对比方面，2019年中部园区的平均总产值最高，达到81.26亿元；东部园区紧随其后，平均总产值为77.00亿元；东北园区位列第三，总产值略低于70亿元，3个区域园区均超过全国平均水平。相较而言，西部园区的平均总产值比较低，仅有44.84亿元，仅略高于中部园区的一半，明显落后于其他区域（表6-3）。

表6-3　2018年和2019年各区域园区平均总产值情况

单位：亿元

地区	2018年	2019年
全国	68.70	65.23
东部	79.92	77.00
中部	80.17	81.26
西部	40.55	44.84
东北	104.48	68.30

与2018年相比，2019年参与评价的232个园区的总产值与上年基本持平，差异约为5.05%（同样本情况下与上年相比增加2.57%）。其中，中部、西部园区与上年基本保持相同水平，略有增长；东部园区、东北园区均有所下降（图6-6）。其中，东部园区降低的原因主要是由于第七批园区创新能力不足，导致总产值普遍偏低（同样本情况下与上年相比增加17.71%）；东北园区降幅达34.63%，主要是由于辉山园区当年总产值降低，其余园区变动不大。东北园区要在前期规模化优势的基础上，通过特色优势产业的培育形成具有规模化的产业链群，以实现园区产值的持续稳定增长。

图6-6　2018年和2019年各区域园区平均总产值情况

2.园区平均三产融合发展状况有所提升，中部园区发展迅速

三产融合发展是对传统农业经济模式的改革，是实施乡村振兴战略的重要途径，也是推动农业产业转型升级、提升农业产业附加值的必由路径。对于园区三产融合状况进行评价，不仅需要测量总产值中三产各自的比重，还需要考虑农业的发展和三者之间的乘数效应。2019年参与评价的232个园区平均三产融合度为29.80%。

区域对比方面，2019年中部园区超过东北园区，成为平均三产融合度最高的园区，领先其他区域，达到38.64%。东北园区依然维持较高三产融合度，达到36.08%。两个区域园区二产融合度均超过30%，实现了三产融合协调发展。东部园区的融合度紧跟其后，约为29.62%，也超过了全国平均水平。西部园区的三产融合度相对低一些，仅有22.42%，约为中部、东北园区的2/3，总体上三产融合度的区域差距不大。具体如表6-4所示。

表6-4 2018年和2019年各区域园区平均三产融合度情况

单位:%

地区	2018年	2019年
全国	26.91	29.80
东部	26.86	29.62
中部	27.52	38.64
西部	23.43	22.42
东北	36.96	36.08

与2018年相比，2019年参与评价的232个园区平均三产融合度有所提升，增幅约为10.74%。其中，中部园区平均三产融合度呈现出较好的增长趋势，增幅为40.41%，超过东北园区，一举成为全国三产融合领先地区。东部园区也有所增长，增幅约为10.28%。而西部、东北园区平均三产融合度略有下降，未呈现出显著的变化趋势（图6-7）。各园区在推动三产融合发展时，需要注意的是不仅仅要通过产业链的延伸做大第二产业和第三产业，更要注重一二三产业的相互联动，在保证农业产业即一产产值平稳发展这一核心的基础上，延伸农业产业链和价值链，因地制宜，探索新的农业发展模式，发挥好农业产业的生产、生态环境保护、文化传承等功能，切实解决农业产业附加值过低问题。

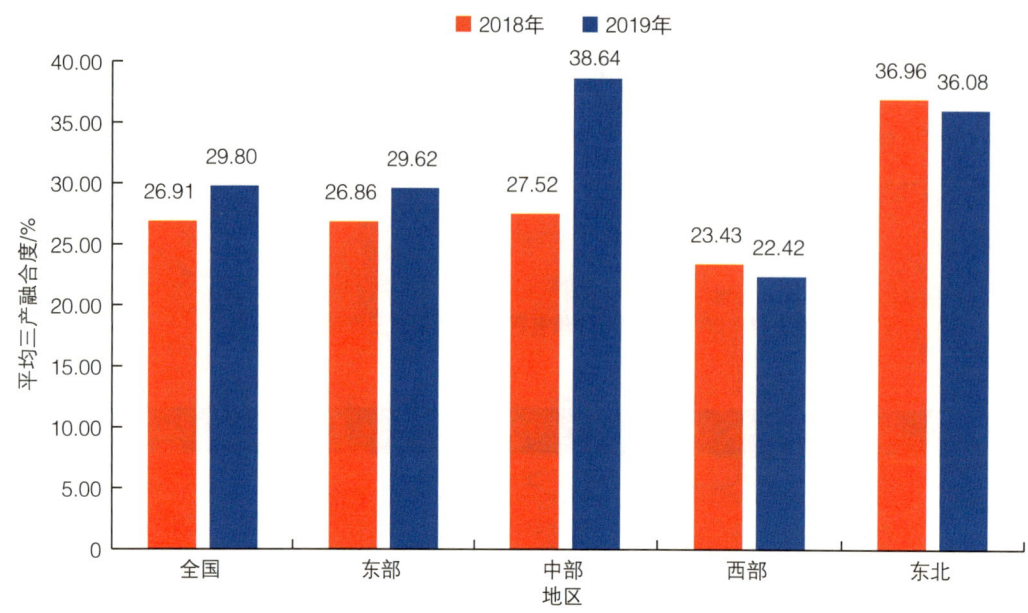

图6-7　2018年和2019年各区域园区平均三产融合度情况

三、园区产业结构状况分析

本报告通过园区的高新技术企业产值比重和休闲农业产值比重两个指标分析园区的产业总体结构，以评价园区产业升级转型状况。并对比2018年和2019年的园区数据，以及对东部、中部、西部和东北地区的园区进行综合分析。

1.园区高新技术企业产值比重与上年基本持平，做大做强农业高新产业是园区发展的长期目标

高新技术产业能够促进企业科技转型，持续进行创新科技研究开发，形成企业高新技术成果转化落地，促进农业科技园区实现低能耗、高价值、高质量的集约式发展。2019年参与评价的232个园区高新技术企业总产值达到3457.86亿元，园区高新技术产值占总产值的比重平均值约为21.18%。其中，延庆、安庆、湄潭、广州和广安高技术企业产值比重排名居全国前5位，2019年高新技术企业产值比重排名居前20位的园区如图6-8所示。

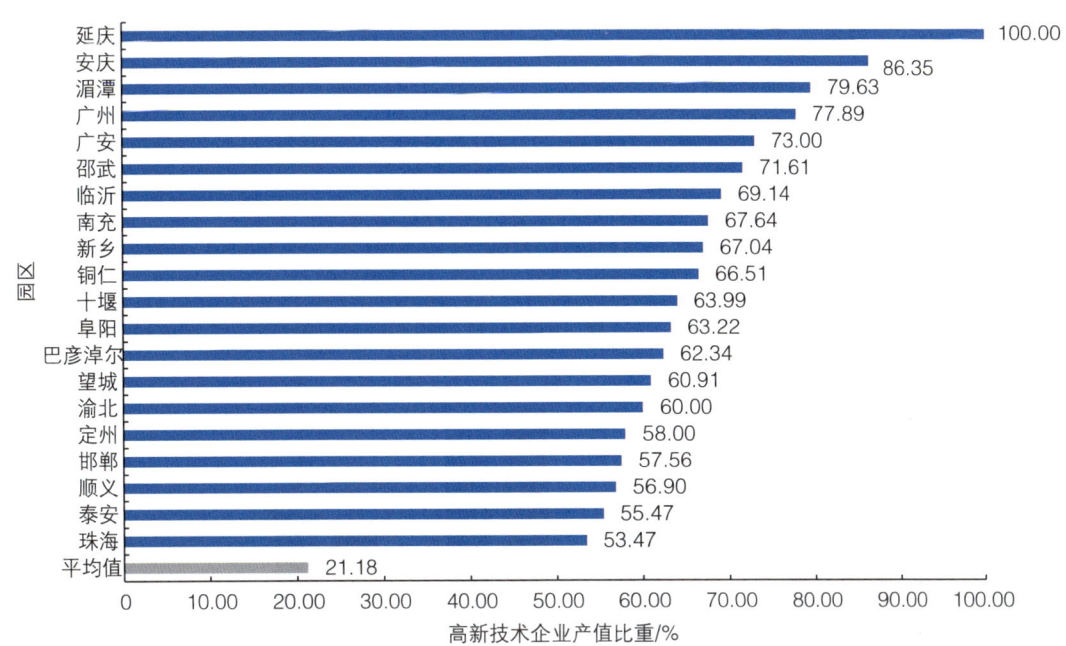

图6-8 2019年高新技术企业产值比重排名居前20位的园区

区域对比方面，2019年中部园区以24.87%的高新技术企业产值比重平均值超过东部园区，占据领先优势。东部园区紧随其后，比重为23.16%，两者均超过了全国平均水平。而西部和东北园区的高新技术企业比重平均值相对较低，分别为18.62%和13.52%，与东部和中部园区存在较大差距（表6-5）。

表6-5 2018年和2019年各园区高新技术企业产值比重区域分析对比

单位：%

地区	2018年	2019年
全国	22.27	21.18
东部	27.74	23.16
中部	25.73	24.87
西部	17.89	18.62
东北	5.70	13.52

与2018年相比，2019年各园区高新技术企业产值比重平均值略有下降，但降幅不明显，仅为4.89%，这与新增的第七批园区的高新技术产业尚未形成规模有关（同样本情况下与上年相比增加2.04%）。其中，东北园区在上年显著下降的基础上，2019

年奋起直追，发展势头迅猛，另外由于旅顺、延边、阜新、建三江及松原园区的高新技术企业产值比重的增加，使得整个东北园区高新技术企业产值焕发了新的生机，增幅更是达到137.19%。中部、西部园区与上年基本持平，未出现明显变动。东部园区高新技术企业产值比重平均值有所下降，降幅为16.51%，主要是由于湛江、河源等园区的高新技术企业产值下降，属于合理调整产业结构范围。具体如图6-9所示。

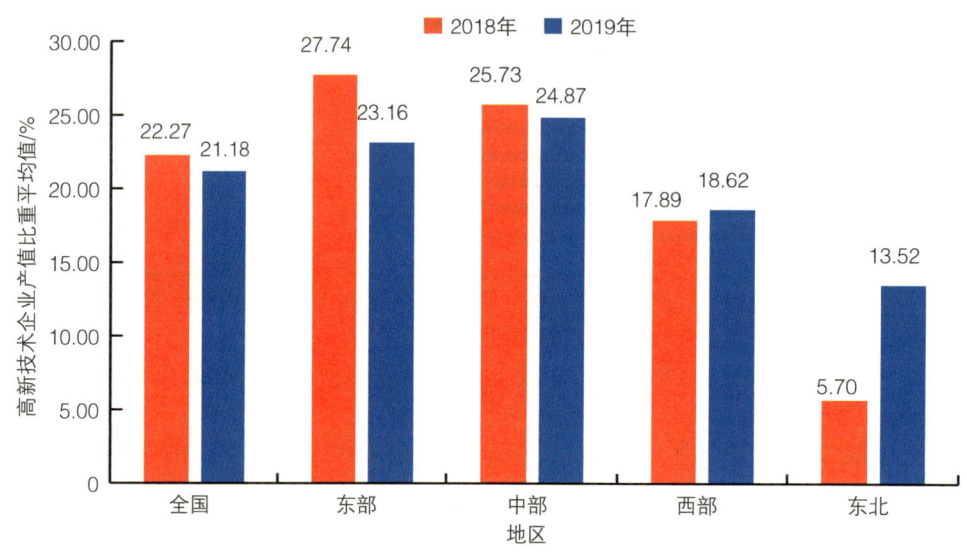

图6-9 2018年和2019年各园区高新技术企业产值比重区域分析对比

2.园区休闲农业产值比重与上年基本持平，中部园区有下降态势

休闲农业是一种新型农业生产经营形态，作为农村一二三产业的融合体，在调整农业结构、促进农业提质增效、带动农民就业增收、改善农村环境、传承农耕文明、建设美丽乡村等方面发挥着重要作用。一言以蔽之，就是一种"以农为本，创造新价值"的新型产业形态和新型消费业态。2019年参与评价的232个园区实现休闲农业总产值达到646.37亿元，园区休闲农业产值占总产值的比重平均值约为2.79%。其中，许昌、象山、潜江、湄潭和济宁的休闲农业产值比重排名居全国前5位，2019年休闲农业产值比重排名居前20位的园区如图6-10所示。

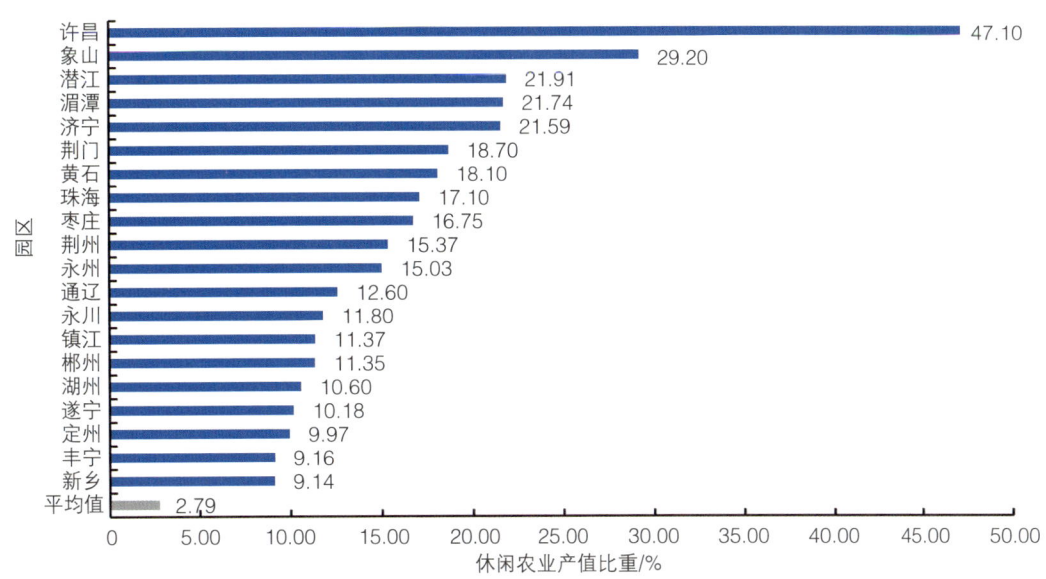

图6-10　2019年休闲农业产值排名居前20位的园区

区域对比方面，2019年中部园区的休闲农业产值比重平均值最高，达到7.06%，相较于其余区域，领先优势较为明显，也是唯一超过全国平均水平的园区；西部园区次之，比重达到4.36%，略低于全国平均水平。东部园区的休闲农业产值比重平均值为3.81%，东北园区较低，仅有2.75%，下一步东北园区可考虑是否需要转变农业经营形态，促进农业产业结构调整升级，加大对休闲农业投入的比重，深度开发农业旅游和观光资源（表6-6）。

表6-6　2018年和2019年各园区休闲农业产值比重区域对比分析

单位：%

地区	2018年	2019年
全国	4.72	4.73
东部	3.69	3.81
中部	8.70	7.06
西部	3.21	4.36
东北	1.94	2.75

与2018年相比，2019年参与评价的232个园区的休闲农业产值比重平均值与上年基本持平，仅上浮0.21%。其中，中部园区休闲农业产值平均值比重下降，降幅为18.85%，主要是由于池州、安庆等园区休闲农业产值的降低，但仍以明显优势领先其他园区。

东部、西部、东北园区呈现出不同情况的增幅,分别为3.25%、35.83%和41.75%(图6-11)。休闲农业利用乡村已拥有的自然资源,依靠农业科技园区平台扶持,为城市居民提供集观光、休闲、度假为一体的绿色服务,是农业资源的深度开发利用,是欠发达地区脱贫致富的重要途径。因此,各园区可结合自身特色,在合理有效规划资源利用的前提下,通过加大对休闲农业的开发投入和宣传营销,为园区发展打造新的增长点。

图6-11 2018年和2019年各园区休闲农业产值比重区域对比分析

四、园区农民增收效应分析

本报告通过园区农民人均可支配收入分析园区产业发展对农业的增收带动效应。并对比2018年和2019年的园区数据,以及对东部、中部、西部和东北地区的园区进行综合分析。

园区农民人均可支配收入与上年基本持平,明显高于全国农村居民的收入水平

园区发展的最终落脚点是带动农民增收致富,为农民创造美好生活。因此,园区内农民的收入状况也是衡量园区发展绩效的重要指标。2019年参与评价的232个园区农民人均可支配收入平均为2.25万元,明显高于2019年农民人均可支配收入1.60万

元。由此可见，园区带动农民增收的效果较为明显，且具有持续作用。其中，通州、宁乡、延庆、津南和无锡农民人均可支配收入排名居全国前5位，前20位园区之间差异较小。2019年农民人均可支配收入排名居前20位的园区如图6-12所示。

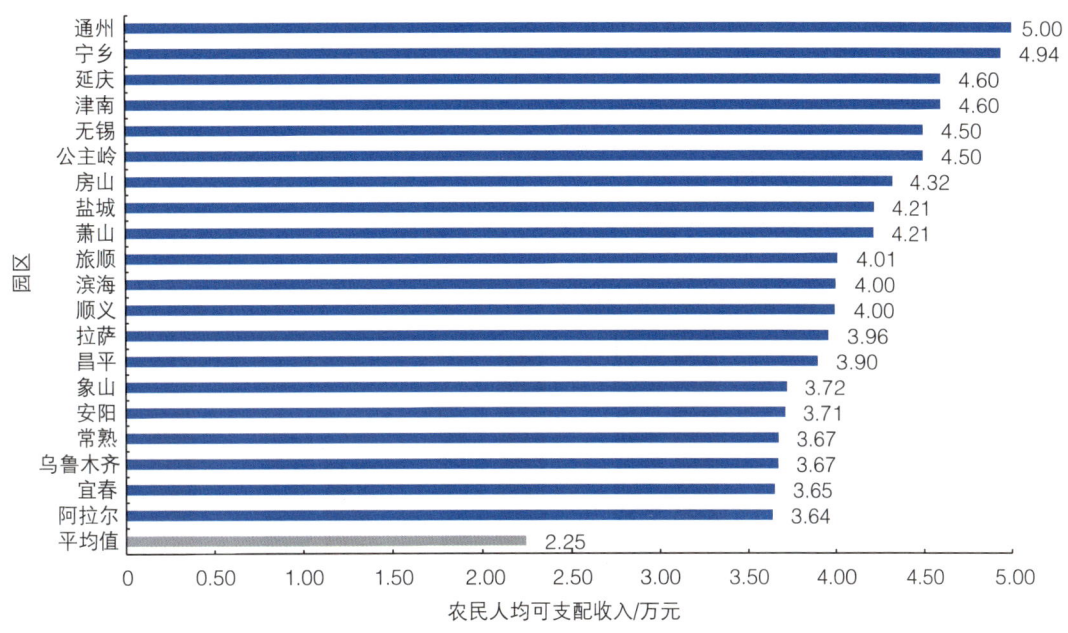

图6-12　2019年农民人均可支配收入排名居前20位的园区

区域对比方面，2019年东部园区的农民人均可支配收入最高，东北和中部园区紧跟其后，3个区域园区的农民人均可支配收入均超过了2万元。西部园区的农民人均可支配收入相对较少，仅有1.94万元（表6-7）。近年来，西部园区发展势头较好，创新能力实现了快速提升，但是如何让农民在园区的发展中受益是值得关注和解决的问题。

表6-7　2018年和2019年各区域园区农民人均可支配收入情况

单位：万元

地区	2018年	2019年
全国	2.25	2.25
东部	2.70	2.71
中部	2.48	2.12
西部	1.69	1.94
东北	2.22	2.32

与2018年相比，由于新增第七批园区对于农民的收入带动作用尚未全部显现，其园区内的农民收入相对偏低，2019年参与评价的232个园区的农民人均可支配收入与上年基本持平（同样本情况下与上年相比增加1.38%）。中部园区略有下降，主要是由于蚌埠、上饶园区农民人均支配收入的降低，其余各区域园区农民人均可支配收入均实现不同程度的增长，其中西部园区增幅最大，达到14.79%；而东部、东北园区虽有增长，但是增幅不大，分别仅有0.37%、4.50%，在后续的园区建设中需要重点关注将产业发展与农民致富紧密结合，实现两者协调共赢。具体如图6-13所示。

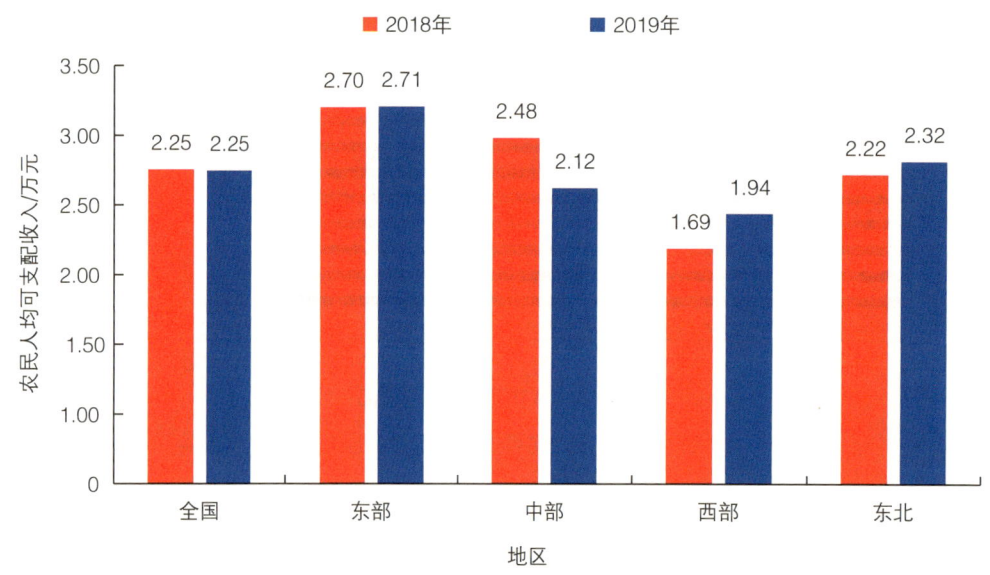

图6-13　2018年和2019年各区域园区农民人均可支配收入情况

五、小结

创新综合绩效体现了国家农业科技园区创新能力的经济效益与社会效益。本章结合园区从净利润与技术收入、三产融合发展、高新产业与休闲农业发展、园区农户年人均可支配收入等指标对232个园区的创新综合绩效指数进行了核算，得出以下结论。

①园区年度净利润与上年基本持平，技术性收入有一定下降。净利润和技术性收入有待进一步提升。

②从产业融合发展程度来看，园区平均三产融合度达29.80%，较2018年有所提升，园区总产值产出较为稳定。

③从产业结构来看，园区高新技术企业发展稳定，2019年园区平均高新技术企业产值比重、休闲农业产值比重与2018年基本持平。

④园区农民人均可支配收入明显高于全国农村居民的收入水平，收入实现持续性增长，园区带动增收效果显著，产业化经营不断深化。

2019年与2018年园区创新综合绩效各指标的对比与变化如图6-14所示。

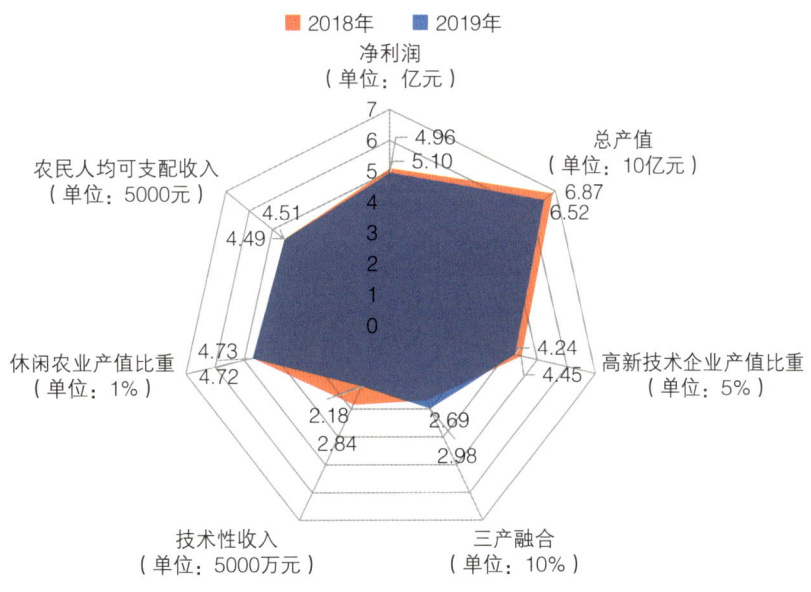

图6-14 2018年与2019年园区创新综合绩效情况对比

附 录

一、国家农业科技园区创新能力评价指标体系

从创新主体的角度，国家农业科技园区的创新能力既涉及区域创新能力，也涉及企业创新能力；从创新链条的角度，国家农业科技园区的创新能力既包括产业链创新，也包括价值链创新。其中，区域创新能力评价基本可以从知识创造、知识流动、企业创新、创新环境、创新绩效5个方面着手。企业创新能力可根据国家统计局发布的《中国企业自主创新能力分析报告》，从潜在技术创新资源指标、技术创新活动评价指标、技术创新产出能力指标和技术创新环境指标4个方面入手。产业链创新水平评价可以从影响产业链创新的农业基础、市场、生产要素、企业及政策等因素入手。价值链创新评价可以从创新来源、原创构想、技术设计、实验原型、技术孵化、技术商品、标准产品到市场开发8类功能节点入手，并重点考虑科研机构、中介机构、推广机构等科技价值链系统中的关键成员及金融机构的参与。

在综合学界研究成果和调研园区实际状况的基础上，经过多轮调研、访谈，本报告从创新资源投入、创新驱动支撑、创新成果产出、创新示范推广和创新综合绩效5个方面形成了针对农业科技园区创新能力的评价指标体系（附表1），并采用层次分析法等权重方法确定了指标权重。

附表1 国家农业科技园区创新能力评价指标体系

一级指标	二级指标		备注
创新资源投入	1.1	园区内企业R&D经费投入强度	
	1.2	园区内企业R&D人员数	
	1.3	园区当年地方政府投入	
	1.4	园区当年建设总投入	
	1.5	园区内核心区已建成面积	
	1.6	园区内入驻企业数	
	1.7	园区当年信息化投入总额	
	1.8	园区内大型仪器设备原值总额	
创新驱动支撑	2.1	园区内科技企业孵化数	
	2.2	园区拥有省部级以上研发机构总数	省部级和国家级的研发机构数
	2.3	园区内各类创新创业服务机构数	
	2.4	园区内开展产学研合作项目数	
	2.5	园区当年金融机构贷款总额	
	2.6	园区内个人科技特派员数	
创新成果产出	3.1	园区当年授权发明专利数	
	3.2	园区当年通过审定的新品种数	
	3.3	园区拥有的"三品一标"数	
	3.4	园区在孵企业数	
	3.5	园区当年高新技术企业数	
创新示范推广	4.1	园区当年引进新品种、新技术和新设施数	
	4.2	当年园区推广新品种、新技术和新设施数	
	4.3	园区当年技术培训总人次	
	4.4	园区核心区示范基地数	

续表

一级指标	二级指标		备注
创新综合绩效	5.1	园区年度净利润	
	5.2	园区年度技术性收入	
	5.3	园区当年总产值	
	5.4	园区一二三产业融合	
	5.5	园区当年高新技术企业产值比重	
	5.6	园区当年休闲农业产值比重	
	5.7	园区当年农民人均可支配收入	

二、国家农业科技园区创新能力评价数据来源

本报告采用的评价数据主要来源于国家农业科技园区创新能力监测取得的数据。而相关监测数据的来源为园区管委会及园区内填报数据的企事业单位，园区管委会对各项填报数据负责。此外，所获取的数据还将通过地方科技部门把关、实地考察调研、随机数据抽查等方式加以验证。

三、国家农业科技园区创新能力评价参评园区名单

参加创新能力评价的国家农业科技园区名单，如附表2所示。

附表2 参加创新能力评价的国家农业科技园区名单

编号	简称	全称
1	昌平	北京昌平国家农业科技园区
2	漳州	福建漳州国家农业科技园区
3	定西	甘肃定西国家农业科技园区
4	广州	广东广州国家农业科技园区
5	百色	广西百色国家农业科技园区
6	三河	河北三河国家农业科技园区
7	许昌	河南许昌国家农业科技园区
8	武汉	湖北武汉国家农业科技园区

续表

编号	简称	全称
9	望城	湖南望城国家农业科技园区
10	公主岭	吉林公主岭国家农业科技园区
11	常熟	江苏常熟国家农业科技园区
12	井冈山	江西井冈山国家农业科技园区
13	阜新	辽宁阜新国家农业科技园区
14	寿光	山东寿光国家农业科技园区
15	浦东	上海浦东国家农业科技园区
16	乐山	四川乐山国家农业科技园区
17	津南	天津津南国家农业科技园区
18	石河子	新疆生产建设兵团石河子国家农业科技园区
19	嘉兴	浙江嘉兴国家农业科技园区
20	渝北	重庆渝北国家农业科技园区
21	宿州	安徽宿州国家农业科技园区
22	金州	大连金州国家农业科技园区
23	贵阳	贵州贵阳国家农业科技园区
24	儋州	海南儋州国家农业科技园区
25	南昌	江西南昌国家农业科技园区
26	赤峰	内蒙古赤峰国家农业科技园区
27	慈溪	宁波慈溪国家农业科技园区
28	即墨	青岛即墨国家农业科技园区
29	渭南	陕西渭南国家农业科技园区
30	拉萨	西藏拉萨国家农业科技园区
31	西宁	青海西宁国家农业科技园区
32	昌吉	新疆昌吉国家农业科技园区
33	红河	云南红河国家农业科技园区
34	芜湖	安徽芜湖国家农业科技园区
35	顺义	北京顺义国家农业科技园区
36	天水	甘肃天水国家农业科技园区
37	北海	广西北海国家农业科技园区
38	湄潭	贵州湄潭国家农业科技园区

续表

编号	简称	全称
39	三亚	海南三亚国家农业科技园区
40	南阳	河南南阳国家农业科技园区
41	建三江	黑龙江建三江国家农业科技园区
42	仙桃	湖北仙桃国家农业科技园区
43	永州	湖南永州国家农业科技园区
44	新余	江西新余国家农业科技园区
45	海城	辽宁海城国家农业科技园区
46	和林格尔	内蒙古和林格尔国家农业科技园区
47	银川	宁夏银川国家农业科技园区
48	海东	青海海东国家农业科技园区
49	同安	厦门同安国家农业科技园区
50	滨州	山东滨州国家农业科技园区
51	深圳	深圳国家农业科技园区
52	广安	四川广安国家农业科技园区
53	雅安	四川雅安国家农业科技园区
54	滨海	天津滨海国家农业科技园区
55	阿拉尔	新疆生产建设兵团阿拉尔国家农业科技园区
56	伊犁	新疆伊犁国家农业科技园区
57	萧山	浙江杭州萧山国家农业科技园区
58	忠县	重庆忠县国家农业科技园区
59	旅顺	大连旅顺国家农业科技园区
60	唐山	河北唐山国家农业科技园区
61	松原	吉林松原国家农业科技园区
62	运城	山西运城国家农业科技园区
63	日喀则	西藏日喀则国家农业科技园区
64	五家渠	新疆生产建设兵团五家渠国家农业科技园区
65	石林	云南昆明石林国家农业科技园区
66	安庆	安徽安庆国家农业科技园区
67	蚌埠	安徽蚌埠国家农业科技园区
68	合肥	安徽合肥国家农业科技园区

续表

编号	简称	全称
69	铜陵	安徽铜陵国家农业科技园区
70	通州	北京通州国家农业科技园区
71	延庆	北京延庆国家农业科技园区
72	宁德	福建宁德国家农业科技园区
73	泉州	福建泉州国家农业科技园区
74	武威	甘肃武威国家农业科技园区
75	湛江	广东湛江国家农业科技园区
76	珠海	广东珠海国家农业科技园区
77	桂林	广西桂林国家农业科技园区
78	毕节	贵州毕节国家农业科技园区
79	黔西南	贵州黔西南国家农业科技园区
80	邯郸	河北邯郸国家农业科技园区
81	鹤壁	河南鹤壁国家农业科技园区
82	濮阳	河南濮阳国家农业科技园区
83	大庆	黑龙江大庆国家农业科技园区
84	黑河	黑龙江黑河国家农业科技园区
85	荆州	湖北荆州国家农业科技园区
86	潜江	湖北潜江国家农业科技园区
87	衡阳	湖南衡阳国家农业科技园区
88	湘潭	湖南湘潭国家农业科技园区
89	岳阳	湖南岳阳国家农业科技园区
90	通化	吉林通化国家农业科技园区
91	延边	吉林延边国家农业科技园区
92	淮安	江苏淮安国家农业科技园区
93	盐城	江苏盐城国家农业科技园区
94	上饶	江西上饶国家农业科技园区
95	辉山	辽宁辉山国家农业科技园区
96	铁岭	辽宁铁岭国家农业科技园区
97	乌兰察布	内蒙古乌兰察布国家农业科技园区
98	固原	宁夏固原国家农业科技园区

续表

编号	简称	全称
99	石嘴山	宁夏石嘴山国家农业科技园区
100	济宁	山东济宁国家农业科技园区
101	泰安	山东泰安国家农业科技园区
102	烟台	山东烟台国家农业科技园区
103	吕梁	山西吕梁国家农业科技园区
104	榆林	陕西榆林国家农业科技示范区
105	宜宾	四川宜宾国家农业科技园区
106	哈密	新疆哈密国家农业科技园区
107	和田	新疆和田国家农业科技园区
108	乌鲁木齐	新疆乌鲁木齐国家农业科技园区
109	楚雄	云南楚雄国家农业科技园区
110	湖州	浙江湖州国家农业科技园区
111	金华	浙江金华国家农业科技园区
112	璧山	重庆璧山国家农业科技园区
113	池州	安徽池州国家农业科技园区
114	滁州	安徽滁州国家农业科技园区
115	阜阳	安徽阜阳国家农业科技园区
116	淮北	安徽淮北国家农业科技园区
117	马鞍山	安徽马鞍山国家农业科技园区
118	酒泉	甘肃酒泉国家农业科技园区
119	张掖	甘肃张掖国家农业科技园区
120	河源	广东河源国家农业科技园区
121	安顺	贵州安顺国家农业科技园区
122	黔东南	贵州黔东南国家农业科技园区
123	黔南	贵州黔南国家农业科技园区
124	沧州	河北沧州国家农业科技园区
125	定州	河北定州国家农业科技园区
126	藁城	河北石家庄藁城国家农业科技园区
127	兰考	河南兰考国家农业科技园区
128	新乡	河南新乡国家农业科技园区

续表

编号	简称	全称
129	荆门	湖北荆门国家农业科技园区
130	十堰	湖北十堰国家农业科技园区
131	常德	湖南常德国家农业科技园区
132	怀化	湖南怀化国家农业科技园区
133	湘西	湖南湘西国家农业科技园区
134	连云港	江苏连云港国家农业科技园区
135	南通	江苏南通国家农业科技园区
136	泰州	江苏泰州国家农业科技园区
137	无锡	江苏无锡国家农业科技园区
138	徐州	江苏徐州国家农业科技园区
139	丰城	江西丰城国家农业科技园区
140	赣州	江西赣州国家农业科技园区
141	萍乡	江西萍乡国家农业科技园区
142	锡林郭勒	内蒙古锡林郭勒国家农业科技园区
143	象山	宁波象山国家农业科技园区
144	德州	山东德州国家农业科技园区
145	临沂	山东临沂国家农业科技园区
146	宝鸡	陕西宝鸡国家农业科技园区
147	汉中	陕西汉中国家农业科技园区
148	咸阳	陕西咸阳国家农业科技园区
149	南充	四川南充国家农业科技园区
150	内江	四川内江国家农业科技园区
151	克拉玛依	新疆克拉玛依国家农业科技园区
152	塔城	新疆塔城国家农业科技园区
153	五一农场	新疆五一农场国家农业科技园区
154	滇中	云南滇中国家农业科技园区
155	玉溪	云南玉溪国家农业科技园区
156	丰都	重庆丰都国家农业科技园区
157	潼南	重庆潼南国家农业科技园区
158	亳州	安徽亳州国家农业科技园区

续表

编号	简称	全称
159	淮南	安徽淮南国家农业科技园区
160	六安	安徽六安国家农业科技园区
161	宣城	安徽宣城国家农业科技园区
162	房山	北京房山国家农业科技园区
163	密云	北京密云国家农业科技园区
164	龙岩	福建龙岩国家农业科技园区
165	三明	福建三明国家农业科技园区
166	邵武	福建邵武国家农业科技园区
167	白银	甘肃白银国家农业科技园区
168	甘南	甘肃甘南国家农业科技园区
169	临夏	甘肃临夏国家农业科技园区
170	韶关	广东韶关国家农业科技园区
171	贺州	广西贺州国家农业科技园区
172	赤水	贵州赤水国家农业科技园区
173	六盘水	贵州六盘水国家农业科技园区
174	铜仁	贵州铜仁国家农业科技园区
175	陵水	海南陵水国家农业科技园区
176	大厂	河北大厂国家农业科技园区
177	丰宁	河北丰宁国家农业科技园区
178	固安	河北固安国家农业科技园区
179	滦平	河北滦平国家农业科技园区
180	威县	河北威县国家农业科技园区
181	辛集	河北辛集国家农业科技园区
182	涿州	河北涿州国家农业科技园区
183	安阳	河南安阳国家农业科技园区
184	焦作	河南焦作国家农业科技园区
185	漯河	河南漯河国家农业科技园区
186	商丘	河南商丘国家农业科技园区
187	周口	河南周口国家农业科技园区
188	驻马店	河南驻马店国家农业科技园区

续表

编号	简称	全称
189	佳木斯	黑龙江佳木斯国家农业科技园区
190	黄石	湖北黄石国家农业科技园区
191	宜昌	湖北宜昌国家农业科技园区
192	郴州	湖南郴州国家农业科技园区
193	宁乡	湖南宁乡国家农业科技园区
194	邵阳	湖南邵阳国家农业科技园区
195	白山	吉林白山国家农业科技园区
196	扬州	江苏扬州国家农业科技园区
197	镇江	江苏镇江国家农业科技园区
198	宜春	江西宜春国家农业科技园区
199	锦州	辽宁锦州国家农业科技园区
200	巴彦淖尔	内蒙古巴彦淖尔国家农业科技园区
201	鄂尔多斯	内蒙古鄂尔多斯国家农业科技园区
202	通辽	内蒙古通辽国家农业科技园区
203	中卫	宁夏中卫国家农业科技园区
204	海北	青海海北国家农业科技园区
205	海南	青海海南国家农业科技园区
206	海西	青海海西国家农业科技园区
207	滨城	山东滨城国家农业科技园区
208	菏泽	山东菏泽国家农业科技园区
209	商河	山东济南商河国家农业科技园区
210	莒南	山东莒南国家农业科技园区
211	聊城	山东聊城国家农业科技园区
212	栖霞	山东栖霞国家农业科技园区
213	威海	山东威海国家农业科技园区
214	潍坊	山东潍坊国家农业科技园区
215	枣庄	山东枣庄国家农业科技园区
216	铜川	陕西铜川国家农业科技园区
217	西咸	陕西西咸国家农业科技园区
218	崇明	上海崇明国家农业科技园区

编号	简称	全称
219	巴中	四川巴中国家农业科技园区
220	绵阳	四川绵阳国家农业科技园区
221	遂宁	四川遂宁国家农业科技园区
222	胡杨河	新疆生产建设兵团胡杨河国家农业科技园区
223	沙湾	新疆沙湾国家农业科技园区
224	温宿	新疆温宿国家农业科技园区
225	保山	云南保山国家农业科技园区
226	大理	云南大理国家农业科技园区
227	弥勒	云南弥勒国家农业科技园区
228	宣威	云南宣威国家农业科技园区
229	涪陵	重庆涪陵国家农业科技园区
230	江津	重庆江津国家农业科技园区
231	永川	重庆永川国家农业科技园区
232	长寿	重庆长寿国家农业科技园区

四、国家农业科技园区创新能力评价测算过程

1. 国家科技农业园区创新能力指数测算

采用对数标准化的方法对国家农业科技园区的创新能力评价指标数据进行标准化处理，具体公式如下：

$$I_{标} = \frac{\ln x - \ln x_{\min}}{\ln x_{\max} - \ln x_{\min}} 。$$

利用标准化处理后的数据计算园区的创新能力指数，具体公式如下：

$$I_{分} = \sum_{1}^{n} \omega_j \times I_{标},$$

$$I_{总} = \sum_{1}^{n} I_{分},$$

式中，$I_{总}$ 为园区创新能力的总指数，$I_{分}$ 为创新资源投入、创新驱动支撑、创新成果产

出、创新示范推广和创新绩效5个分项指标得分，ω_j为分项指标下的二级指标权重，2019年的评价报告采用了层次分析法确定各指标权重（附表3）。

附表3　创新能力指数各指标权重

一级指标	二级指标	一级指标内权重	总权重
创新资源投入	园区内核心区已建成面积	0.1600	0.0386
	园区当年建设总投入	0.1925	0.0464
	园区内企业R&D经费投入强度	0.2310	0.0557
	园区内企业R&D人员数	0.2310	0.0557
	园区内入驻企业数	0.1922	0.0463
创新驱动支撑	园区内科技企业孵化数	0.2668	0.0424
	园区拥有省部级以上研发机构总数	0.3330	0.0529
	园区内各类创新创业服务机构数	0.4001	0.0635
创新成果产出	园区当年授权发明专利数	0.3632	0.0730
	园区当年通过审定的新品种数	0.2724	0.0547
	园区当年高新技术企业数	0.3629	0.0729
创新示范推广	园区当年技术培训总人次	0.2550	0.0405
	园区当年引进新品种、新技术、新设施数	0.3188	0.0506
	园区当年推广新品种、新技术、新设施数	0.4251	0.0675
创新综合绩效	园区当年农民人均可支配收入	0.3461	0.0835
	园区当年总产值	0.4211	0.1015
	园区年度技术性收入	0.2339	0.0564

2.国家农业科技园区创新能力相对指数的测算

2019年国家农业科技园区创新能力相对指数的测算以2018年作为基期，设定2018年国家农业科技园区创新能力指数为100，具体计算过程如下。

2019年创新能力相对指数的单项指标得分通过2019年与2018年同一指标相除得到，公式如下：

$$I_{2019年单项} = \frac{2019年单项指标数据}{2018年单项指标数据}。$$

在此基础上，利用指标权重（等权重）与单项指标得分相乘求和可以得到2019年国家农业科技园区创新能力相对指数，公式如下：

$$I_{2019年相对} = \sum_{1}^{n} \omega_i \times I_{2019年单项} \times 100 。$$

创新能力相对指数的测算能够直观清晰地反映出国家农业科技园区整体创新能力的发展情况。

3.国家农业科技园区创新能力的总体差异分析

利用二阶段的泰尔系数对国家农业科技园区总体创新能力状况和分项指标进行差异分析。二阶段泰尔系数的基本公式如下：

$$T_{second} = \sum_i \sum_j \sum_k (\frac{tef_{ijk}}{tef}) \ln (\frac{tef}{tec})$$

$$= \sum_i \sum_j (\frac{tef_{ij}}{tef_i}) \sum_k (\frac{tef_{ijk}}{tef_{ij}}) \ln (\frac{tef_{ijk}/tef_{ij}}{tec_{ijk}/tec_{ij}}) +$$

$$\sum_i (\frac{tef_i}{tef}) \sum_j (\frac{tef_{ij}}{tef_i}) \ln (\frac{tef_{ij}/tef_i}{tec_{ij}/tec_i}) + \sum_i (\frac{tef_i}{tef}) \ln (\frac{tef_i/tef}{tec_i/tec}) ,$$

式中，tef_i是第i区域内园区创新能力水平，tec_i为第i区域内园区入驻企业数量；tef_{ij}为第i区域内第j省园区创新能力水平，tec_{ij}为第i区域内第j省园区入驻企业数量，n为第i区域内省份总数。

4.国家农业科技园区的创新效率评价测算

利用数据包络分析即DEA的方法对国家农业科技园区的创新效率评价进行测算。数据包络分析是一个线性规划模型，表示产出对投入的比率。通过对一个决策单元的效率和一组提供相同业务的决策单位的绩效进行比较，测算各决策单元的相对运行效率。在这个过程中，获得100%效率的一些单位被称为相对有效率单位，而另外效率评分低于100%的单位称为无效率单位。通过对无效率和有效率单位的比较，发现降低无效率的方法，从而改善无效率单位的资源使用水平。通过对国家农业科技园区创新效率的测算，能够发现创新技术效率低下的园区，并可以通过与高效率园区的对比分析为国家农业科技园区的创新效率提升提供理论参考。

（1）国家农业科技园区的创新效率测算

利用数据包络分析的BCC模型测算国家农业科技园区创新的技术有效性即技术效率，具体公式如下：

$$\begin{cases} \max \ \mu Y_{j_0} = V_p \\ st.\omega^T X_j - \mu Y_j \geq 0 \ (j=1,2,\cdots,r), \\ \omega^T X_0 = 1 \\ \omega \geq 0, \mu \geq 0 \end{cases}$$

式中，V_p代表各园区的创新技术效率，ω^T为投入变量的权重，μ为产出变量的权重，X_j为各园区的创新投入变量，包括园区的研发投入、科技人员投入、研发中心数量等，Y_j为园区的创出产出变量，包括园区获得的专利，引进和推广的植物和禽畜水产新品种，引进和推广的新产品、新技术和新设施等。

（2）国家农业科技园区创新效率的对比分析

在测算各园区创新技术效率的基础上，求出东、中、西、东北区域园区创新技术效率的平均值，公式如下：

$$\overline{V}_i = \frac{\sum_{p=1}^{n} V_p}{n}, \ i=1,2,3,$$

并且分别找出东、中、西、东北区域中创新技术效率为1即具有效率的园区进行对比分析。

致 谢

本次国家农业科技园区创新能力评价是在科技部创新发展司、农村科技司的大力支持下开展的。在数据采集、评价指标和评价方法的制定过程中得到了有关专家和地方科技主管部门、各国家农业科技园区的帮助,在此一并表示感谢。